Heart Therapy

# ハート♥セラピー

心にしみるメールカウンセリング

上河扶紀枝 著

## *Prologue*

**今、書店でこの本を手にされているあなたへ——**

「ハートセラピー」——もしかすると、この言葉をどこかで目にされた人もいらっしゃるかもしれません。

実は、本書は半年間にわたって全国の人々の元に届けられたメールマガジン（HTMLメディア「MailVision」）の内容を1冊にまとめたものです。

メルマガのタイトルは、「早乙女先生のカウンセリングルーム」で、本書をまとめるにあたって一部加筆修正しています。

そもそものきっかけは、私がご縁あった、株式会社サーバーエージェントというインターネット関連の会社から相談を受けたことです。

ユーザー向けの新企画として、「心の病」の予防と癒しに繋がるコンテンツを提供したい。

それが企画の意図でした。

担当者の女性は、「家族や友人に相談したり、病院や職場でカウンセリングを受けられない人のためにメールでカウンセリングをしていただきたいのですが……」と打診してきました。

そこで私は、「カウンセリングは相談者とじかに向き合う面談が基本です。単なるQ＆Aではなく、じっくりと話を聞きながら対話を重ねるなかで相手の心を癒していくもの……。メールのような一方通行でやるものでは決してないんです」とお答えしました。

そうはいったものの、対面することに抵抗感がある人や、カウンセラーのところまで足を運べない人がいることも確かです。

私はこれまでの臨床経験を通じて、心の問題を抱えていても実際にカウンセリングに来られる人は一握りであり、専門的な心理カウンセリングは「日本ではまだまだ敷居が高いのかな」と常々感じていました。

しばし考えたうえで、私は彼女にこう付け加えました。

「わかりました。まだよく知られていないカウンセリングというものが、どんなものかを知っていただくための1つのきっかけになるかもしれません。

直接カウンセラーに会うことはできなくても、メールだったらノックをしてくれる人もいるでしょう。決して王道とは言えませんが、カウンセリングの啓蒙のためには試してみる価値はあると思います。やってみましょう」

そんなやりとりを経て、メールカウンセリング「ハートセラピー」がスタートしました。

「早乙女恵」というペンネームにしたのは、私がどんな人物かよりも内容本位で読んでいただきたいということと、相談者にとっても仮名の方がアクセスしやすいのではと思ったからです。

事前のアンケートでは1700名が参加、500件を超える投稿や相談が寄せられました。その内、92％が「心が病んでいる」「心が疲れている」と回答し、アンケートの内容を読んで、私は改めて「現代人は本当に心が疲れているんだな」と実感しました。

本書をお読みいただければわかりますが、相談内容は私たちの事前の予想に反して、どれも非常に深刻なものばかりでした。

環境の変化や将来への不安からくるストレスなどの仕事上の悩み、上司や同僚、部下とのコミュニケーションのとり方やいじめなどの職場の問題、夫婦や親子など家族の人間関係、そして、精神症状や身体症状に関する悩み等々。また、若い世代の友人関係にも現代特有の傾向が見受けられました。

なかでも最も多い相談が「仕事の悩み」で、これは現在の世相を反映しているといえるでしょう。本来心身を休める時間帯に活動し続けて過労が重なり、それに不景気によるリストラが追い討ちをかけている。このままでは「心の病」を抱える人の数は益々増え続けるだろう──そう感じた私は、「ハートセラピー」ではなるだけ予防をテーマにして、できる限りのお手伝いをしていきたいと心に誓いました。

近年、うつ病や中高齢者の自殺が増えていることは皆さんご存知のと

おりです。ある調査によると、一般診療科の受診患者のうち、2〜7％がうつ病という結果が出ています。また、地域住民のうつ病調査によると、一般住民の15〜30％程度がうつの症状（軽度から抑うつまで）があると判定されているそうです。

　一方、自殺者の数も1998年以降一挙に増え、すでに3万人を超えて毎年増え続けています。この数は交通事故死者数の約3倍にものぼり、自殺予防は精神保健の最重要課題の1つになっています。

　もしかしたら、この本を手にとられたあなたも、なんらかの心の悩みを抱えていらっしゃるのかもしれません。あるいは、周囲に少なからず心の病で悩んでいる人がいることでしょう。

　心の悩みを抱えていることは、決して「恥ずかしいこと」でもなく、「弱いせい」でもありません。人は「なんとか問題を解決したい」、「こうありたい」と願うからこそ悩むのです。どんなに厳しい試練でも、それを乗り越えることができれば必ず大きな力になるはずです」。

　この「ハートセラピー」は、メールマガジンの相談者だけでなく、それを目にしてくださった読者の方々から数多くの共感やお礼のお便りをいただきました。それだけ多くの人が、日々自分自身の問題と真剣に向き合っているということだと思います。

　私はこれまで自分が培ってきたも全てのものを「ハートセラピー」につぎ込みました。

　カウンセラー上河扶紀枝の1つの集大成であるといっても過言ではありません。

　どうか、その思いがこの本を手にして下さったあなたの心に届きますように……。

平成16年1月吉日　　　　　　　　　　　　　　　　　　　上河扶紀枝

プロローグ .................................................................. *3*

### Part 1　職場の人間関係

Case 1　新人に対して言葉尻がきつくなる自分を ............... *12*
　　　　つらく感じてしまいます（31歳/独身/女性）

Case 2　仕事でも私生活でも、やることなすこと ................ *15*
　　　　うまくいきません（32歳/独身/男性）

Case 3　ワンマン社長のおかげで毎日なかなか眠れず ........... *19*
　　　　気持ちは沈んだままです（38歳/独身/女性）

Case 4　部下の陰口メールを発見してから人とどう ............. *24*
　　　　接していいのかわからなくなりました
　　　　（25歳/独身/女性）

Case 5　自分の気に入った部下にしか興味を示さない ........... *28*
　　　　上司にほとほと疲れ果てて…（33歳/独身/男性）

*Contents*
目次

Contents
目次

## Part 2  家庭の人間関係

Case 6 「自分なんかいなくても同じなんじゃないか」……34
　　　 と思い、涙と震えが止まらなくなる
　　　 (27歳/独身/女性)

Case 7 息子が泣きながら「ママが死んじゃうなら── ……37
　　　 僕を殴ってもいいよ」と言いました (二児の母)

Case 8 母と家庭が嫌で、登校拒否をするようになって……41
　　　 しまいました (16歳/高1/女性)

Case 9 気に入らないことがあると無視し続ける母と………45
　　　 親子の縁を切ってしまいたい (28歳/既婚/女性)

Case 10 幼い頃に親に虐待されたことがわだかまりに………51
　　　 なっています (18歳/高3/女性)

## *Part 3* パートナーとの関係

*Case 11* 共に歩いていく生涯のパートナーが欲しい ……………… *56*
（37歳/独身/女性）

*Case 12* 本当に子供が欲しいのか離婚した方がいいのか …… *61*
わからなくなりました（34歳/既婚/女性）

*Case 13* 事業のストレスをぶつける夫との海外での生活 …… *66*
に疲れてしまいました（28歳/既婚/女性）

*Case 14* 妻が深夜チャットを楽しんでいるのを ……………… *71*
知って不信感が芽生えた（44歳/既婚/男性）

*Case 15* 結婚2年目ですが新しい生活を楽しむことが ……… *76*
できません（27歳/既婚/女性）

*Case 16* 彼に「結婚は考えていない」と言われどう接して …… *82*
いいかわからなくなりました（23歳/未婚/女性）

*Case 17* いつもイラついている妻にどう接していけば ……… *88*
いいのでしょうか（35歳/既婚/男性）

*Case 18* 主人が風俗に行ったのを知り嫌悪感から1ヶ月の …… *93*
絶食状態に（26歳/結婚3年目/子供無し/女性）

*Contents*

目次

Contents

目次

## Part 4　友人との関係

Case 19　「何か喋らなきゃ」と思う反面、自分の ………… 100
　　　　存在など忘れてほしいと願ってしまいます
　　　　（高校生/女性）

Case 20　「自分なんかいなくても同じなのかな……」 ………… 106
　　　　って思うと無性に泣きたくなります
　　　　（高校生/女性）

Case 21　高校時代、大切な友だちを救ってあげられ ………… 111
　　　　なかった（21歳/未婚/女性）

## Part 5 からだ・心の症状

### Case 22 小・中学と手術の傷跡でいじめに合い、就職後もリストラされました（20歳/未婚/女性） ……118

### Case 23 顔のアザのせいで結婚ができず恋愛にも臆病になってしまいました（未婚/女性） ……124

### Case 24 中2の頃から始まった対人恐怖症が現在もなおっていません（34歳/無職/男性） ……130

### Case 25 高校の時に震えた声で教科書を読んで以来人前で話をするのが嫌でたまりません（21歳/独身/女性） ……133

### Case 26 精神科でパニック障害と診断され妻にも心配をかけています（30歳/既婚/男性） ……138

### Case 27 農薬で自殺未遂した後「あの時死ねていたら…」と思う事があります（55歳/無職/男性） ……143

## Part 6 メールカウンセリングの意義

- 相談者にきちんと向き合えるかどうかがテーマ ……150
- トンネルを抜けきるまで寄り添う伴走者 ……151
- "命を削る"作業 ……152
- メールカウンセリングの「言葉」の重み ……153
- 1人の心に向き合うことをさらに深めた半年間 ……155
- メルマガ「ハートセラピー」の読者からのお便り ……156

エピローグ ……160

# Part 1

職場の人間関係

## Case 1 職場の人間関係

### Q 「お局（つぼね）」と呼ばれる年齢。新人に対して言葉尻がきつくなる自分をつらく感じてしまいます。

（31歳/独身/女性）

　短大卒業後、ソフトの受託開発の会社に勤務して11年目になりますが、精神的にかなり疲れています。

　元々コンピュータの仕事がしたくて入った会社だったので、「いやだ」という気持ちはほとんどありませんでした。短大出身で女性ということもあり、他の同期と比べても昇進は遅い状態でしたが、個別にはかなり評価していただいていたので、不満はありませんでした。

　しかし、次第に新人教育的な仕事が増えはじめ、現在は常に2〜3人の新人を抱えている状態です。最近は新人の質が悪くなっており、理解するまでフォローするのは精神的に大変つらいです。

　忙しい業務の傍らでもあるため、イライラすることが多くなりました。

　新人に対して言葉尻がきつくなる自分を思うたびにつらくなります。「お局」といわれる年齢も気になるため、余計に気苦労が増えるという状況です。

「このまま同じ会社に勤めるかどうか」という悩みは3年周期で来るといわれますが、その周期に入っているせいかもしれません。心に余裕を持ちたいと常に考えているのですが、卑屈になっている自分が常にちらつきます。良い方法はないでしょうか？

# A ただの「お局」にならないで、中身のある「お局」になろう。

### 「どうせ私は……」なんてもったいない

　あなたは社内で頼りにされているようですね。それは、あなたが今まで会社で努力をし、経験を積み重ねてきた結果。とても素晴らしいことです。

　「時おり、新人にきつくあたってしまう」と書いてありますが、新人教育の立場上どうしても言わなければならないことってありますものね。その気苦労はさぞや大変なことでしょう。

　そして、そんな自分をつらく感じてしまうのは、あなたが本来優しく温かい人であることの表れだと思います。だからこそ、まずは「お局」という言葉を意識するのはやめましょう。

　「勤続11年」は何物にも代えがたい貴重な経験。いろんな苦労もあったはずです。同じ会社に11年も勤め、評価されてきた自分をまず誉めてあげてください。

　もしもあなたが「どうせ私は"お局さま"ですから」なんていう気持ちを持っているのだとしたら、それはとてももったいないこと。「お局＝煙たい存在」というイメージを自分自身で勝手に作り上げてしまっては、あなたの経験を活かす場面があっても、そのチャンス

*Case 1* 職場の人間関係

を自分から見過ごしてしまうことになります。

　だから、そんなあだ名を逆に笑い飛ばせるぐらいの心の余裕を身につけてしまいましょう。

## 💗 いろんなやり方を持てれば余裕が生まれる

　何かをする時に「方法はコレしかない！」と頑なに考えずに、いろいろな方法を考えておけば、心の余裕が生まれてきます。

　たとえば、新人へのひとこと。

　もしも今まで「自分はこう伝えたい！」という視点だけで言葉を選んでいたのだとしたら、今後は「もしも自分が新人だったら……」という視点も加えてみて下さい。

　自分が新人だったらこう言われるとうれしい、こう言われるとわかりやすい……など。

　そのことを考えながら伝えるだけでも、あなたの態度に変化が生まれ、相手の反応が変わってくると思います。

　そしてうまくいかない時には、自分を見つめる旅に出てもいいでしょう。

　リフレッシュした環境で楽しい時間を過ごせば、「こんなやり方もあるかも」なんてアイデアが浮かぶこともあるし、「今の自分にはこれが少しだけ足りなかったんだ」なんてことが見えてきたりするかもしれません。

　今、あなたの力量が試されています。

　11年のキャリアを嘆いても、逆にそのキャリアにあぐらをかいても、それはただの「お局」。過去11年の経験を今に活かすことができた時、あなたは中身のある「お局」になることができるのではないでしょうか。

　さあ、ひるまず颯爽と歩いていきましょう。

## Case 2 職場の人間関係

**Q** 仕事では頑張っても評価されず、私生活では女性に裏切られ、やることなすことうまくいきません。（32歳/独身/男性）

　家族構成は、今年定年になった母（60）と、独り人暮らししている妹（26）が1人です。

　販売関係なんですが、頑張っても評価されず、すぐ色んな部門に変えられ、給料も実績を出しているのに低い評価のまよなんです。

　今は会社の寮に入っているのですが、実家のローンも自分で払い、寮費もあり、結構苦しくて、突然仕事を辞めるっていうのも難しい状態です。

　独り暮らしというのもあり、彼女がいないと淋しくて、出会い系サイトで見つけたりもしていました。そこで彼女が出来たと思っても、向こうは遊びだったり、裏切られたりして、人を信じるっていうのも難しくなり、人の前で全然自分を出せなかったりします。

　家族の前で笑うことも出来ません。一人の時はＴＶ見ながら笑っていますが……。小さい頃に、笑ったり騒いだりすると、父親に「静かにしろ」と言われていたことも原因なのでしょうか。

独り暮らしを始めたのは去年の2月からなのですが、その前には仕事先の人と不倫をしてのめり込みました。そこで同じ店の社員とトラブルがあり、右翼とつながっている人らしく脅されました。そのため部門変更して欲しいと店長に言ったのですが、それも「中途半端で投げ出した」とみなされ、評価が低い原因になっているみたいです。そこでの実績は前年比を大幅に上回っていたりしたのですが、店長と仲が悪いことも影響したのかもしれません。

　病気に関してなんですが、出会い系サイトで彼女になった人に性病をもらってしまい、その人も遊びのつもりだったみたいです……。それで現在は薬を服用しています。

　このような状況なのですが、もし改善する方法があれば助かります。よろしくお願いします。

## A あなたの今抱えている悩みの根元には、お母さんとの関係が影響しているかも……。

### 気持ちの隙間を埋めてくれる誰かを求めるのは自然な行為

　あなたが最後に人前で心から笑ったのは、いつですか？

　実家のローンという金銭的な悩みを抱えながら、一生懸命働いていらっしゃる……でも、周囲からは正当な評価を受けていない。

　これは、本当につらいことですよね。

　その気持ちの隙間を埋めようとして、誰かを求めていくことは人として自然の行為です。

　しかし、そんなふうにして出会った人に裏切られてしまうと、さ

らに気持ちが沈んだり萎えたりしてしまいますね。

それが、とても痛々しく伝わってきました。

それではあまりにも悲しいではありませんか。

だから、ここでいくつか対処法を考えてみましょう。

## 「自分を守るため」に必要な行動がある

仕事関係の人とのトラブルで部門変更をお願いしたことが、お店でのあなたの評価を下げることになったのかもしれません。組織には、なかなか個人の事情をわかってもらえないものですから。

ただ、もしもあなたがその時、店長に部門変更のお願いをしなかったとしたらどうなっていたでしょう。もしかしたら、さらに大きなトラブルに発展していたかもしれません。

そのお願いは「自分を守る」という面で、とても意味のあることだったと私は思います。自分のとった行動を振り返り、あなた自身でしっかりとそれを評価してあげてください。

そして、時間のある時でいいですから、「どうして頑張って仕事をしているのに、上司から評価されないんだろうか？」と、少しだけ考えてみてください。

もしかしたら、他にも原因を見つけられるかもしれませんね。

そう、あなたの日頃の態度や言葉を思い起こしてみましょう。

そして、自分だけではなく、周囲を眺めたとき、どうでしょう。

あなたに足りなかったことやあなたがしていなかったことが見えてくるかもしれませんよ。自分の中で整理してみてくださいね。

また、自分から思い切って上司に「仕事を評価してもらうためにはどうすればいいのでしょうか？」というように相談してみるのもいいでしょう。

勇気を出して、あなたの心の扉を開いて相手に近づいたなら、決し

て拒否されることはないはずですよ。それから一番大事なことは、言われたことを素直に受け入れていくあなたの態度を忘れないように。

## 淋しさの原風景を知れば気持ちは楽になる

　この文面だけからは窺い知ることができないので、あくまでも推測であることをお断りしたうえで話をさせてもらいます。

　もしかしたらあなたは小さい頃に、お母さまからの愛情をもっと受けたいと感じていたのではないでしょうか。

　その淋しさが、女性を求める気持ちにつながっているのかもしれません。

　もし、ご自分の淋しい思いがお母さまへの愛情を求める気持ちの裏返しであるなら、そのことを自分で認識するだけでも気持ちがかなり楽になるはずです。淋しさの原風景を思い浮かべることは、心の癒しにつながるからです。

　そして、もしも家族の思い出があまりないのだとしたら、今日から始まる毎日のなかでその思い出を作っていきましょう。温かく、安心し、信頼し合える家族の関係を築いていくことが、あなたの人生にとって必ずプラスに働くことでしょう。

　そして、お母さまとあなたとの間で言えなかったこと、したかったけれどできなかったことがあるのだとしたら、これから少しずつしてみるといいですよ。

　職場では自分の役割を果たし、私生活では実家のローンをきちんと支払いながら自分の暮らしを支えている……。そんな頑張り屋さんのあなた。つらい時も苦しい時もあったでしょう。そんな思いを受け止めてくれる、あなたが心から信頼し、あなたを支えてくれる人が見つけられるといいですね。

　あなたがしっかり生きていればきっと見つかると信じます。

## Case 3 職場の人間関係

**Q** 人の気持ちを逆なでするワンマン社長が許せなくて、毎日なかなか眠れず、目が覚めても気持ちは沈んだままです。（38歳/独身/女性）

　今、転職しようかどうしようかと迷っているところなのですが、できればよいアドバイスが欲しいなと思ってメールしました。
　私は子連れで離婚し、2年経ちました。離婚するために田舎へ行き、

2年半前からパートで今の会社にお世話になっています。

会社は小さい会社で、社長を入れて男性3人、女性は私1人です。仕事は鉄鋼関係で図面を見て材料を手配したり、経理の業務をしています。

最初のうちは、奥さんも事務所で一緒に仕事をしていて、仲良くしてもらっていました。社長も私の事情を知ってよくしてくれて、可愛がってもらっていました。

1年経ち、私が仕事になれると奥さんはお役御免になり、私と社長の2人で事務所に長くいることが多くなりました。

社長はいわゆるワンマンで言いたいことを言い、人の気持ちを逆なでするようなことも平気で言うので、最初感じていた「気のいい面倒見のいい親父さん」からガラリと印象が変わり「意地悪で怒りっぽい勝気でわがまま人」で、心を許せないと思うようになってきました。

きついことを何度も言われ、社長としては、かなりストレスが溜まっているのは分かるのですが、必要以上に人の言うこと成すことに不平を言うのでかなり限界です。

奥さんと一緒に事務所で働いている時から、なんとなくきついなと思って奥さんとよく話はしていたのですが、奥さんも「どうしたらいいのかわからない」と言って悩んでいます。

時給は高めなのでガマン料かなと思って自分を慰めてみたり、この不況の折、小さい子を連れて親子2人どうしていけばいいのかと悩んでいます。奥さんや現場の人は「辞めないで」「お願いね」と言ってくれますが、私は毎日つまらなく、「すること言うことを何かしら文句を言われる」と構えていなければいけないので気持ちも暗くなって、4歳になったばかりの娘を構ってやる気になれなかったり、友だちと話をするのも億劫になっています。

とくに医者にかかったりはしていませんが、毎日なかなか眠れず、朝も気持ちが重いです。

# A 「お給料＝我慢料」と考えられる前向きなあなたを大切にして。

## 無神経な言動を続ける社長を拒絶したくなるのは当然

あなたは毎日を一生懸命、前向きに生きているのですね。

離婚後の生活は、いろいろと苦労があって大変だったことでしょう。

我慢しなければいけないこと、でも投げ出せないことが本当にたくさんありますよね。よくわかります。

なかでも、社長の言動は、あなたにとって我慢の限界であること、それが一番つらいことなんですね。

社長の無神経な一言一言を聞くにつけ、あなたが「意地悪で怒りっぽく、勝ち気でわがままな人」と社長を拒否する気持ちになってしまうのは、当然のことと思いますよ。

今、あなたが「社長の言動」を許す必要は全くありません。

ただ、「なぜ社長はこんな言い方や態度しかとれないんだろう？」と考えてみることが、あなたの心が楽になれるポイントだという気がしています。

## 意識して「力を抜く」ことを

もしも不平を言われた時に、あなたの心に余裕がないと「売り言葉に買い言葉」になってしまいますよね。

言葉は面白いもので、気持ちが必ず口調に表れてしまうものです。ひと呼吸置いてから、例えば「社長も大変ですよね」とねぎらいの言

葉を投げ返してあげるだけで、社長のリアクションは少し変わるかもしれませんね。そうすれば、あなたの気持ちにも随分余裕が生まれるはずです。

そのためにまず、社長とは仕事の時だけのおつき合いと割り切ってしまうことが大切だと思います。

さらに、「社長が怒っているのはいつものこと」と思い、「社長には文句を言われるのが普通」と考えてみたらどうでしょう。もちろん、つらいですよね。

でも、それは単に仕事上でのこと。相手に対して嫌なことを言われるのではないかと、いつもいつも構えた態度をとっていては、本当に疲れるし、気持ちが暗くなってしまいますよね。

気を張った1日を過ごし、神経が研ぎ澄まされたままベッドに入っても、なかなか眠れないものです。今のあなたは、眠りの浅いまま朝が来て、疲れたまま出勤、職場では余裕もエネルギーもないので、社長の言動がさらに気になってしまう……という悪循環に陥ってしまっているように思います。

## 溜めこんだ思いを解消するためのご褒美(ほうび)を

あなたのことをよく理解し、話を聞いてくれ、「やめないで」と言ってくれる、社長の奥様の存在はあなたにとっての大きな救いですよね。身内である社長の問題だけに、彼女もとてもつらいでしょう。あなたと奥様が良い関係を続けていくことも、あなたの心にとってプラスになると思います。

文章には「最初のころは、社長は自分をかわいがってくれた」と書いてありますよ。

今の態度が良いとはまったく思いませんが、社長は実は、人間的に本当に悪い人ではないような気がします。不景気の今、中小企業の社

長さんは誰しも、従業員の皆さんを守るために毎日を断崖に立ったような気持ちで過ごしていることだけは察してあげてくださいね。

あなたは、毎日のやりとりで溜めこんだ思いを解消していくことが必要です。まず、眠れなければ病院で睡眠薬を処方してもらい、ぐっすり眠ることも効果的です。

そして、友だちとおいしいモノを食べるのもいいですし、自分のために何か1つ欲しい物を買ってあげてもいいと思いますよ。

方法はさまざまですが、毎日頑張っている自分自身にご褒美をあげてください。ささやかでもいい、ほんの少し頑張っている自分をねぎらってあげることを忘れずにね。

「時給が高めなのは、"我慢料"なのかも……」と考えられるあなたは、とても前向きな考えを持てる人。

社長の言動に巻き込まれず、あなたが一番大切にしなければいけないものを見失いませんように。そして、どうかいつも綺麗でいてくださいね。

## $Case\ 4$ 職場の人間関係

### Q 入社以来、プロジェクトリーダーをしています。部下2人の陰口メールを発見してしまってから人とどう接していいのかわからなくなりました。

（25歳/独身/女性）

職場の人間関係に悩んでいます。

そもそも中心になるタイプではなく、一匹狼で対人恐怖症のような面もあり、1人でやる仕事に向いているのですが、現在自分が入社以来プロジェクトリーダーのため、部下をまとめたり他の部署の方にお願いをしたり、人間関係をスムーズにしていく事が重要になります。

もともと人間関係を築くのは苦手で、1人でいるのが一番楽しいし友人も多くないし、うわべだけさらっと話をあわせたりすることはできるのですが、自分の意思をちゃんと伝えたり、ちゃんと会話をするとなると声もでなくなり頭も働かなくなり、緊張のあまりに泣いてしまう事があります。

あまり人の事を気遣わないところがあるので、部下2人（元々友人同士）からひどい陰口をメールでやりとりされていた事があり、それ

を発見してしまってから（今は2人ともいません）どう接して良いのか分からなくなり、無理に仲良くなれるようにしていた事もありました。その部下たちと一緒の時は一番つらかったです。

　現在はパートさん（年上で良い人で気が合う）と2人で楽しく仕事をしていますが、今後、事業を大きくするためにどうしても部下を指導し、自分の意図を伝え、人間関係を築いて行く事が不可欠なので、そのためには自分自身が変わるしかないと焦ってはいるのですが、どうしても人と接する事には消極的になってしまいます。

　もっと自分自身が明るくて、明るい雰囲気を作れて、人をひっぱっていけるタイプだったらな、と思います。

　精神科にかかったことはありませんが、大学で簡単なカウンセリングを受けた事はあります。ただ、カウンセリングでも自分の事をうまく伝えられなくて。

（現在の会社には新卒で入って勤続3年目／仕事の内容：食品業界で商品企画、販売、ＷＥＢ運営など／生活スタイル：独り暮らし／家庭環境：父、母、兄の4人家族／現在病気はなし）

# A 相手に気持ち良く動いてもらうために話を聞くことから始めましょう。

### 「人と関係を築くのは苦手」なんて決めつけずに

　部下の2人が陰口をやりとりしているメールを発見してしまったあなた。そして、その時受けた心の痛みを必死に抑えながら部下たちと仲良くしようと努めたあなた。

心の中では思いきり泣いているのに表面では笑っていなければならない——そんな思いが、文面を通してひしひしと伝わってきました。

本当につらい体験だったことでしょう。

でも、だからといって「私は人と関係を築くのは苦手……」なんて自分を決めつけずにいてあげてください。

人は誰しも他人からの視線を気にし、他人との関係に悩みながら生きています。

あなたの悩みが深いのは、仕事でいい結果をもたらしたいということを真剣に考えている表れでもあるのです。そんなふうに前を向いて歩いているあなたを自分自身で誉めてあげてくださいね。

## あなたらしさを生かしたリーダーでいい

とても整理された文章から、あなたの人間的な落ち着きを感じましたし、年上のパートの方と楽しくお仕事をされているようすからは人を立てるのが上手なのだという印象を受けました。

あなたは先頭に立ってぐいぐいと人を引っ張っていくタイプなのではなく、後ろから温かく柔らかく人の背中を押してあげることのできるタイプなのかもしれませんね。

もしかしたら、あなたの心のなかには「リーダー＝先頭に立って指導していける人」というイメージがあるのかもしれませんが、もしもあなたが後ろから支えていくタイプの人だとしたら、そのイメージを追い求めようとすると焦りばかりが募って苦しくなってしまいますよね。

理想に近づこうとする気持ちは、もちろん大切。

でも、リーダーのタイプは人間の数だけあってもいいのです。

あなたにはあなたの良さがあります。その良さを生かして、相手に気持ち良く動いてもらうためにはどうすればいいのかを考えてあ

げてください。そうすれば周りの人たちはあなたを受け入れてついてきてくれるでしょう。

## 自分の思いを"先に伝えない"ことが大切

相手に気持ちよく動いてもらうために、すぐに始められることがあります。

それは、相手に素直な気持ちで相談してみること。

例えば、ある仕事を始める前に「こんな指示が上から出てるんだけど、どう思う？」と、仲間の皆さんに聞いてみるのです。

その時あなたは自分の思いを伝えようとしなくても構いません。

まず、自分の心を開いて相手の話に耳を傾けてみてください。

会話が進むうちに、必ずあなたの思いを切り出すチャンスがあるはずです。そのチャンスが来た事を感じられた時にあなたは自然に言葉を切り出せばいいし、もしそれを感じられなかったとしたら、ただうなずいているだけでもいいのです。

その会話を終えてから、仕事を始めてみてください。

あなたに自分の意見を聞いてもらい、理解を示してもらえたら、仲間の皆さんはきっと気持ちがいいはずです。

そして、相手の心が読めずにいるあなたよりも相手の思いがわかっているあなたのほうが、余裕を持って仕事を進められることでしょう。

自分の思いを伝える作業は、実はとっても難しいもの。だからこそ人は一生懸命話をしようとするし、話を聞いてくれる人間を探しているのです。

ぜひ相手の話を聞いてあげてください。

やさしく前向きなあなたのその心は、周りの人たちをまとめていく力となるでしょう。

どうか、あなたらしさを忘れませんように。

*Case 4* 職場の人間関係

## Case 5 職場の人間関係

**Q** 自分の気に入った部下にしか興味を示さない上司にほとほと疲れ果てて、顔も見たくありません。うまくやっていくにはどうしたらいいでしょうか。(33歳/独身/男性)

はじめまして。

私は会社の上司との人間関係について非常に頭をかかえております。

というのもその上司は部下を平等に扱わず、自分の気に入った人にしか興味を示さない人なのです。特に私に対する態度はひどく、頼んでおいたことにしても、わざとかどうかしりませんが「忘れていた」と言ったり、無視して聞いてもらえなかったり……嫌がらせとしか思えないことばかりなのです。

でも、そのくせこちらがちょっとでも忘れたり、ミスしたりしたら火が出るように文句を言ってくるのです。

もうそんな上司と付き合うのはほとほと疲れ果てて転職も考えておりますが、この不景気でなかなか次の職も見つからない状態です。

そんな状態が長く続いて精神的に参ってしまい、今では精神科に通い薬をもらっています。

直属の上司なので無視するわけにもいかず、その上の上司もその上司を信頼しているらしく相談できずにいます。

こんな顔も見たくない上司とうまくやっていくにはどうしたらよいのでしょうか？　やはり転職しかないのでしょうか。

(現在の症状：不眠、無気力／生活環境：祖母、父、母、自分／生

活スタイル：現在親と同居／仕事内容：製造業、自動車部品製造自動機械のオペレーター／現在病気にはかかってません。強いてあげれば不安神経症と診断されています。それについて2年ぐらい病院にかかり、薬を服用中)

# A 上司との距離を置くために、心の境界線の外側で受け止めて。

## 今のあたなには上司との距離を置く事が大切

　上司との付き合いを続けていくなかで、あなたの心にやりきれない思いが積み重なり、とても疲れてしまったことが文面からよくわかりました。

　そして、上司の顔も見たくないという気持ちが、あなたの仕事への意欲に影響しているのではないかと心配しています。

　今のあなたにとっては、上司との距離を置く事が大切な気がします。

　それには、どうすればよいかを考えてみましょう。

　方法は2つあると思います。

　1つめは、転職などで環境を変えること。

　そして、もう1つは自分の気持ちを変えることです。

　一刻も早くこの環境から離れない限り自分自身がもたないと感じているとしたら、転職などで上司を実際に遠ざけるのも有効な方法だと思います。

　ただ、不景気で次の会社が見つからないという現状もあるうえに、何よりも新しい職場で今よりも相性の悪い上司に巡り会う可能性も否定はできません。

## 「相手を変えることはできない」と思うと楽になる

　自分の心を変えていくためにおすすめしたいのは、まずあなたの心に「線」を1本引いてみることです。それは、あなたと上司の関係を分かつ境界線。

　上司とはあくまでも仕事の関係で、彼は心の「線」の外側までは来る事ができても、「線」の内側までは入ってこられません。

　あなたが上司との関係で頭を悩ませているのは、「もしかしたら自分のことをわかってくれるんじゃないか」というふうに、まだ心のどこかで相手に期待をしている状態なのだと思います。

　そこで、「相手を変えることはできない」と意識を切り替えてみてください。

　相手の変化を期待しなくなると相手を責めずに済み、心がすっと軽くなるはずです。

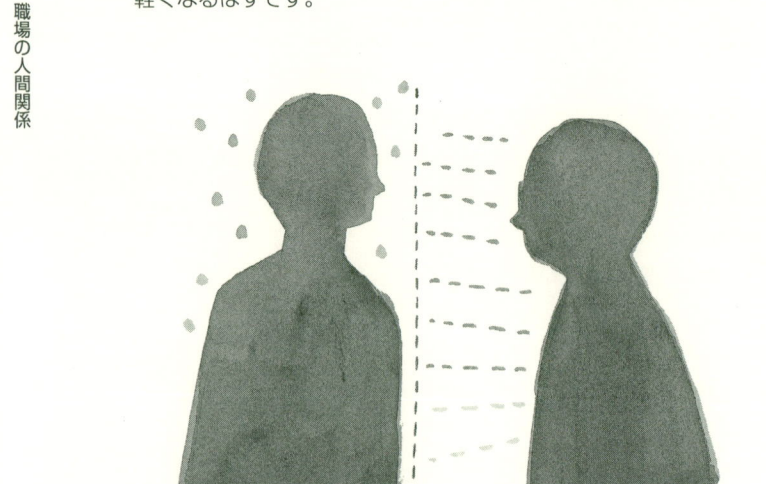

## 上司の言動は"心の外側"で受け止めて

 次に、上司が発する言葉や行動を全ていったん「ハイ」と受け入れてしまいましょう。
 文句や嫌がらせは仕事の上でのことであって、自分の全人格を否定されるわけではないということを絶対に忘れないようにしましょう。
 そう、最初に引いた心の「線」の外側で上司の言動を受け止めるのです。
 上司の言動全てを心の外側で受け止めたら、心の「線」上で上司の言動を整理してみてください。そして、「やっぱりおかしい、違う」と感じたものはどんどん捨てていくようにしましょう。
 もしもあなたの人生にとって参考になるアドバイスがあるのだとしたら、それは取り入れてみるといいでしょう。
 そして、少し余裕が生まれてきたら、上司が文句を言ってきた時に、「彼は今どんな気持ちであんなことを言ったんだろう」と考えてみてください。もしかしたら、虫の居所が悪かったのかもしれませんからね。そんなふうに相手を眺められるようになったら、しめたものです。

## あなたを理解してくれる人の存在を力に

 上司の好き嫌いやいじめに振り回されず、くじけず、くさらず、あきらめずに自分自身を支えていって下さい。自分に疲れ、嫌になることもあるでしょう。そんな時はぜひ、自分のことを理解してくれる人との会話をしてみてください。他愛のない話でいいのです。
 自分を受け入れてくれる人の存在を確認して、その喜びや安らぎをエネルギーに変えていってください。

人生って不思議なもので、何か1つのことがうまく回り始めるといろんな局面がどんどん開けていくものですよね。あなたのこれからの1歩が、そんな良い展開をもたらす1歩であるように祈っています。

　人との距離をうまく保てるようになれば、あなたはどこに行ってもやっていける人だと思います。少し時間はかかるかもしれませんが、お薬の服用と並行して心のエネルギーを少しずつ蓄えていきましょう。

## Case 5

職場の人間関係

# Part 2

家庭の人間関係

## Case 6 家庭の人間関係

**Q** 腹がたってもいつも我慢して1人でイライラしています。「自分なんかいなくても同じなんじゃないか」と思い、涙と震えが止まらなくなる事があります。(27歳/独身/女性)

消極的で声も小さい方で、腹がたっても言い返す事ができず、いつも我慢して1人でイライラしてしまいます。

9歳上の姉が、私とは正反対の積極的な性格で声も大きいせいか、親や親戚からはよく姉の名前で呼ばれました。私はどこでも存在感が薄く、数人の中でも1人孤独になり、時々涙と震えが止まらなくなる事があります。

私にはつきあって半年の結婚の約束をしている彼がいます。

この間彼の家で鍋をご馳走になり楽しく時間を過ごした後、彼のお母さんが私のことを彼の昔の彼女（1年以上前に別れた）の名前で呼んだんです。

すごくショックで私は彼の部屋で泣きくずれてしまいました。その後はご飯も食べることができなくなり、自分に自信もなくなり、何もやる気がおきません。私なんかいてもいなくても同じなんじゃないかと考えてしまいます。

つらいです。

## A あなたの存在を理解し、愛情を抱いてくれる人がいるのはとても幸せなこと。

### あなたは「いてもいなくても同じ」存在ではない

　自分の存在感を感じることができないというのは、本当につらいことですよね。

　やりきれなさ、どうしようもなさを感じて涙が出てしまうんだと思います。文面を通してその気持ちがひしひしと伝わってきます。

　とくに家族の中での印象が薄かったことが、あなたの根底の問題になっていますね。

　彼のお母さんがあなたの名前を以前の彼女と呼び間違えたのは、とても失礼なことです。

　ただ、あなたがそれを自分の存在感の薄さにつなげて考えてしまうのは、とても悲しい気がしました。

　あなたは決して、「いてもいなくても同じ」存在などではありませんよ。

　その証拠に、あなたには結婚の約束までしている彼がいるではありませんか。

　「腹が立っても言い返すことができなくてイライラしてしまう」ともありますが、そんな時は「今日、こんなことがあってすごくムカついちゃった……」なんて話をぜひ彼にしてみてください。この世界中に1人でもあなたの存在を理解し、愛情を抱いてくれる人がいるというのはとても幸せなことです。

## 9歳上のお姉さんは何でもできて当たり前

お姉さんに比べて、存在感が薄かったとも言われていますよね。

でも、考えてみて下さい。

あなたが5歳の時にお姉さんは14歳。あなたよりも経験があるから何でもできるように見えるし、周りの人たちからの印象も強いでしょう。これは年齢差からみたら当然のことで、あなたの存在価値とはまったく別の話。

あなたはあなたらしく生きましょう。

何に対しても悲観的になってしまうと、良いことはひとつもありませんね。

それでもつらい時がありますよね。そんな時は、ぜひ自分で自分の名前をそっと呼んでみてあげてください。

そして、「自分が確かにいる」ことを確認してみてください。

## お気に入りの音楽に耳を傾けてあなたらしさを取り戻して

つらい時には、自分の好きな音楽の歌詞にじっと耳を傾けるのもいいかもしれません。

音楽が自分を癒してくれることってありませんか？

つらいときには、こんなふうに自分を癒してくれるお気に入りの曲を聴いてみるのも、1つの方法です。ちなみに私が個人的に気に入っている曲は、中島みゆきの『誕生』という歌です。

そのなかに、「生まれてきた時には誰もが『Welcome』と言われたはず。もしもあなたが思い出せないのなら、私がいつでもあなたに『生まれてくれてWelcome』と言ってあげる」という意味の歌詞があります。私はこの歌を聞くと、とても温かい気持ちになれます。

あなたを癒してくれる、とっておきの一曲を教えてください。

## Case 7 家庭の人間関係

### Q 息子は、泣きながら私の側に来て「ママが死んじゃうなら……僕を殴ってもいいよ」と言いました。(既婚/3歳と1歳の二児の母)

　旦那は睡眠時間2〜3時間、在宅時間も3〜4時間と仕事が多忙です。普段ストレス漬けの旦那は何かと私に当たってきます。そして私のストレスはそのまま3歳になる長男へ……。

　常にイライラしている所へカチンとくる事をされると、躾や叱るといった範囲は越え、イジメのようにネチネチと愚痴ったり怒鳴ったり殴ったり蹴ったり突き飛ばしたり。1歳になる次男を可愛がり「お前なんか大嫌いだよ。お願いだからどこかへ行って」などと言ってしまったり。なんてなんて酷い事をしているんだろうと思いながら止められません。

　けれどしばらくしてストレスを発散できると「ごめん、本当は大好きなんだよ……」と言って抱きしめてあげる事もします。

　育児雑誌などでは、怒りたくなったらひとまずその場を離れ一呼吸置いてから……などと良い事も書いてありますが、私の場合一通り怒らないと気がおさまらないのです。一度「イライラしすぎてマ

マ死んじゃう！ママが死ぬのが嫌なら殴らせて」と言った事があります。息子は、泣きながら側に来て「殴っていいよ」と言いました。……殴れませんでした。

こんな自分が嫌で嫌で嫌で嫌で嫌で仕方ありません。もっともっと親子の時間を楽しんで、もっともっと可愛がって喜ばせてあげたいのに、反対の事ばかりしてしまいます。

どこかで私がストレス発散出来れば良いのかもしれませんが、そんな暇はありません。

このままでは、本当にノイローゼになってしまいそうで怖いです。

# A ご主人との関係を立て直す勇気を、そのためには相談相手が必要です。

## 心の許せる人にあなたの思いを吐き出すこと

ストレスがたまり、いちばん身近な存在である我が子にあたってしまう。そして、そんな自分を責めてしまう……。

今がとてもつらい状況であることは、文面から伝わってきます。この状況を改善するために今必要なのは、本当に心の許せる話し相手に、あなたの思いを吐き出すことでしょう。

本当ならばその相手はあなたのご主人がいちばん良いのですが、文面からはご主人にはとても相談ができるような状況ではないように感じられました。

もしもそうならば、あなたの御両親でもいいですし、また親友でもいいでしょう。身近で心の許せる人たちに話を聞いてもらいまし

ょう。相談相手は「イライラした時は、いつでも家においでよ」と言ってくれるかもしれませんね。そんなアドバイスをもらえるだけで、心がぐっと楽になるはずですよ。

　本当は子供を可愛がりたい、喜ばせてあげたいというあなたの気持ちも文面から読み取れました。あなたの親心も十分そこに感じます。

　ただ、あなたがいろんなことを我慢しているように、3歳の長男もあなたと同じようにつらい思いとの戦いをしていることを忘れないであげてくださいね。1歳の次男を可愛がるあなたを見ながら、3歳の長男は母親の愛情を受けられない自分をじっと我慢しているはず。

　そして、その思いを彼の心の中に納めようとしていますよ。でも子供の心の器って、私たち大人よりもずっとずっと小さいんです。そのことを少しずつでいいから考えてみてください。自分の所有物と思わず、1つの人格として子供を見ることができるといいですね。

## 💗 子育ての楽しみや痛みを夫婦で共有することが大切

　今の状況を解決するには、ご主人とあなたの関係をなんでも話し合える関係へと立て直す必要があります。イライラしているご主人に対して、あなたの悩みを切り出し、協力を仰ぐにはかなりの勇気が必要ですよね。

　でも、あなたがこんなに悩んでいて、深刻な状況になっていることをご主人が知らないのは、同じ親としてとても悲しいこと。夫婦で子育ての楽しみや痛みを共有していくことも大切なことです。

　だからこそ、心を許せる人に話をして、ご主人との関係を立て直すきっかけをつかむことです。自ら背中を押してもらうチャンスを求めていくことも、その第一歩となります。

　身近な相談相手が見つからないという場合もあるでしょう。そん

*Case 7* 家庭の人間関係

なときは躊躇せずに専門機関に相談してみてください。たとえば東京臨床心理士会では子育て支援事業として行っている「こども相談室」で、子育て中の親からの電話相談を受け付けています。

（相談無料 TEL：03-3409-6361／10：00〜16：00／年末年始、児童会館休館日と月・木曜を除く）

今のあなたにとっては、あなた自身のストレスの受け皿を作ることがとても大切です。

## Case 8 家庭の人間関係

**Q** 「仕事のストレス」を理由に家に帰ってこない母。家庭が嫌で、登校拒否をするようになってしまいました。どうすれば、私の心は元どおりになるのでしょうか。(16歳/高1/女性)

　私が中学に入った頃から母が仕事に出るようになって、夜遅くまで家には私と妹だけしかいない生活を過ごしていました。私は学校に通っているので勉強をしなくてはならないのに、両親が夜まで働いている訳ですから、家事などは当然の様に長女の私に回ってくる次第で常に不満を抱えていました。

　でも、働いているのは私たちの為だと初めは我慢していたのですが、そのうち母が仕事のストレスから宴会だのなんだのと午前様をするようになり、気がついた頃には家に帰ってこない事もしょっちゅうあるようになっていました。これには私だけでなく父も黙っていなくて、顔を合わせると夫婦の大喧嘩が勃発する日々が続きました。

　家が常に険悪なムードを漂わせていたので、私の心は休まること

がなく、日に日にストレスが溜まり、ついには外の日を見るのさえ嫌になって登校拒否をするようになってしまいました。

そんな私を見て母は「こんな子、産まなきゃ良かった。もう、どこへでも行ってしまいな。あぁ人生やり直したいよ。あんたのせいで人生がめちゃくちゃだ」との言葉をしょっちゅう言い、私は深く心を傷つけられました。

# A 親の傲慢さに振り回されず、自分自身が成長することが心の栄養になるはず。

### ♥ 一生懸命努力してきたあなたを誉めてあげたい

小さいながらに「両親は自分たちのために働いてくれているのだから……」と考え、家事をこなそうと一生懸命努力してきたあなたを誉めてあげたいと思います。

そんな気持ちを知らず、母親は仕事の不満ばかりを言っては家を空け、父親はそんな母親とケンカばかり。きっと、小さなあなたの心にはとても収め切れないような光景の連続だったのでしょうね。

母親が投げてくる言葉の1つ1つがトゲとなり、今までに流した涙はたくさんあったのではないでしょうか。とうとう涙が出なくなった哀しさは、いたたまれないものがあります。前向きになれない気持ちもわかりますし、前向きになる方法がわからないのも当然のことでしょう。

それでもまだ、不登校になった理由を決して人のせいにせず、いっぱいにあふれている心の中にしまおうとしているあなた。「本当によく我慢してきたね」と言ってあげたい気持ちでいっぱいです。

## 親の傲慢に振り回されてはいけない

けれども、優しさや責任感、前向きな気持ちを持っているあなたにだからこそ、私は「そんな気持ちをずっと抱いていては良くない」と敢えて呼びかけたいと思うのです。

もしもこのような状態が続くことになっても、あなた自身が沈みこんでいては何も変えられません。私は、あなた自身のためにあなたの人生をより良く生きてほしいのです。

それにはまず、心のなかで「自分は自分」という気持ちを強く持つことが大切です。

高校生ですから「親あっての自分」と考えてしまうのは当然のこと。でも、いずれあなたも社会へ出て行く時がきます。あなたは生まれてくるべき人間であって、たまたま巡り合わせで現在の両親から生まれてきただけ。

親に「産むんじゃなかった」なんて言う権利はありません。そんな親の傲慢には、決して振り回されないでください。

あなたは今まで、とてもつらい思いをしてきました。そして現在も苦しんでいます。

しかし、それをあなたの人生にどうか生かしてほしいのです。

私はあなたに言ってあげたい。

あなたは一人の人間として、とても大切な存在なんです。

## 「時間」を味方につけ、自分を成長させて

そして、これからは「何かあったから自分はこうなってしまった……」と"過去と現在"を思うのではなく「自分が何をしていきたいのか」と"未来"を考えていきましょう。

あなたには、「時間」という強い味方がついています。

自分を成長させ、磨いていくことが何よりもあなたの心の回復を速める方法だと思ってくださいね。人と関わったり、勉強をしていくことが何にも勝る心の栄養となるはずです。

　もしも学校に行く気分になれないようだったら、自宅で勉強を始めるのもいいでしょう。

　この「ハートセラピー」に投稿して悩みを打ち明けてくれたことも、あなたがこれからの自分を前向きに考えている証(あかし)だと私は思います。

　これからは、どんな小さな事でもいいから自分ができたことを自分でしっかりと認めてあげることを忘れないでね。それを1つ、2つと少しずつ増やしていく事が、あなたを動かすエネルギーになっていきますよ。

　このような環境のなかで、深く傷つき悩むのは当然。あなたは人の痛みがわかる健康な心の持ち主であって、決して病気などではありません。

　これからもその感じる心を鈍感にさせないようにしながら、1日1日を自分のために使ってくださいね。「ああ、生まれてきてよかったなあ」と思える日がきっと来ますから。

　あなたが元気になって1人でたくましく生きていく姿を想像しています。

## Case 9 家庭の人間関係

**Q** 実母に無視され3ヶ月も口をきかないことも……将来自分も同じことをしてしまうのではないかと不安になり、親子の縁を切ってしまいたいと思う私は親不孝でしょうか？（28歳/既婚/女性）

　初めまして。私は28歳の専業主婦です。
　今日は実母との関係について聞いていただきたいのです。
　私が中学生でいわゆる反抗期を迎えた頃から、母は私が気に入らないと無視するようになりました。それは私が結婚した今でもずっと、1つ屋根の下に一緒に暮らしながら、3ヶ月も口をきかないということもザラにあります。
　きっかけは本当に些細な事ばかりです。たとえば、母は車に乗れないのでよく私に送り迎えや銀行の振込等頼んでくるのですが、私には4歳、2歳、生後2ヶ月の3人の子がいて忙しく断ったりします。そうするともう次の日から口をきかないのです。
　時には無視される理由も分からない事もあります。こちらはただ、母の機嫌が直るのを待つしかありません。
　母の頼みは「お願い」ではなく「命令」なのです。そんな母に気を使う毎日がもう15年以上続き、今現在も無視されている状態です。
　よく一般的に「自分が母親になって、親のありがたみが分かる」

なんて言いますが、私は愛情を与えてもらったと感謝する気持ちにはなれません。母にありのままの自分を受け入れてもらったという記憶が無く、我が子が将来言う事を聞かなくなった時に私も同じ事をしてしまうのでは……と今から不安になります。

　もうこのまま別居して親子の縁を切ってしまいたいと思う私は親不孝者でしょうか。

## A 母親との関係を客観的に眺め、そこからみえてくるものがあなたの生きる力になる。

### 懸命に生きてきたあなたへ

　小さな子どもたちを3人抱えての毎日。とてもよく頑張っていますね。きっと、子どもたちに慕われるいいお母さんなのでしょう。

　そういう忙しいあなたに対して、「命令」のように用事を頼む母親は、とても身勝手な人だという印象を受けました。あなたとあなたの母親との関係は、まるで主従関係のようです。いつも自分の下にあなたがいるような態度をとり続けられるのは、腹立たしいことですし、やり切れないことでもありますね。悩んで、困り果てている様子が伝わってきました。

　そして、現在まで「ありのままの自分を受け入れてもらった記憶がない」という心の傷を負いながらも、懸命に生きてきたあなたを思い浮かべました。

　しかし、あなたはいつも一歩引き、湧きあがる嫌な思いを飲み込んで対処してきたのですね。私はあなたに「本当にご苦労様」と言ってあげたい気持ちでいっぱいです。

### 💟 たとえ忙しくても「心のゆとり」を忘れないように

　少しでも気に入らないことがあると、何ヶ月も口をきかないという母親の態度は、親としてという以前に、まず大人としての態度とは言えません。

　そんな母親に対して「『母親になれば親のありがたみがわかる』と言われても感謝する気になれない」とあなたが思うのも当然でしょう。

　また、あなたが母親と距離をとりたくなる気持ちも十分理解できます。

　ただ、私が少し心配なのは、あなたの心に余裕がなくなって、今一番必要としているあなたの子どもたちに、優しく接することができなくなることです。

　本来、あなたは心が広く、情も豊かで優しくて、我慢強い人だと思います。

　けれども、毎日の家事と育児に追われると心のゆとりがなくなり、イライラしてしまいますね。

　人間は誰しも余裕がないと相手のことを受け入れられなくなり、嫌なところばかりが目につくものです。そうなると余計に、母親への気持ちも増幅していくのではないでしょうか。

## 「いつしか母子の関係が逆転していた」と考えてみると……

ここで、あなたに少しだけ考えてほしいことがあります。

それは、なぜ母親はあなたにそんな態度をとるようになったのかということです。

母親が時々あなたを無視するようになったのは、あなたが中学生で反抗期を迎えた頃からだそうですね。もしかして母親は、その頃のあなたを持て余した結果、親としての役目を降り、1人の人間に戻ってしまったのかもしれません。

「いつも主導権を握ろうとしてわがままな行動を繰り返す母親が"親の役目を降りてしまっていた"なんて……」と、あなたは思うかもしれません。

でも、子どもはいつか親を越えていくもの。あなたと母親の精神的親子関係は「子離れ」がかなり早く起こってしまったと考えてみましょう。

そうすると、あなたはすでに母親に守られる存在ではなく、母親よりも強い存在、母親を守る側の存在になっているのです。

誰にとっても、母親という存在は大きなものです。だから、なかなか受け入れられないことかもしれません。

逆転した関係が見えないまま現在まできてしまったことで、余計母親を疎む気持ちになってしまったのではないかと、あなたの痛みを思いました。そして、母親は主従的親子関係だけをあなたに強いて、わがままを言っているように思います。

それが見えてきただけでも、あなたの心は軽くなってきませんか？　年を重ねるにつれ、人間は誰でも衰えていきます。やがて誰かに面倒をみてもらうことになります。そのうちきっとあなたの母親も、あなたが本当に必要であることを認め、あなたが自分にとっ

てかけがえのない存在であることを分かる日がくるに違いありません。
　だから、今、あなたが母親のことでカリカリするのは止めて、他に目を向ける努力をしてみてください。

## 「子どもに言う事をきかせる母親」より「子どもの言う事を聴いてあげる母親」に

　それから、私はあなたの相談内容の中で3つ気になる事があります。
　それは、あなたが「もしかしたら子どもにも自分の母親と同じような態度をとってしまうのではないか」と心配していることです。
　でも、私はそのことに関しては何の心配もいらないと思います。
　なぜなら、母親とあなたは、たとえ親子であっても別の人格をもつ個人。まったく違うのだし、違って当たりまえです。まず何よりも、「自分は親にあんなふうに育てられたのだから、愛情たっぷりに子どもを育てよう」と、母親を反面教師にすればいいのです。
　重要なのは、母親の影響に怯え、恐れることではなく、あなた自身が子どもにどうやって愛情深く接するかです。
　気になる2つめの事は、「将来、子どもが言う事をきかなくなった時に……」とあなたが何気なく書いていること。子どもは言う事をきかないものだし、またあなたの忠告を聞かせる必要もないのですよ。
　それよりも、「子どもの言う事を聴いてあげる母親」になってあげてください。そうすれば、あなたの母とは違う母親になれるはずですから。

## この母親のもとに生まれてきたから、今の自分があるという力強い人生を

気になる3つめの事です。

あなたの母親は、口に出して「ありがとう」や「ごめんね」を言うのがきっと下手な人なのだと思います。長い年月、そんな母親と一緒に暮らしてきたのですから、たとえあなたが家を出て縁を切ってしまったとしても、あなたが耐え忍んできた話を聞いたら、誰も親不孝者だなんて思わないでしょう。

けれども、突然あなたが親子の縁を切りたいと言ったら、きっとあなたの母親は寂しがることでしょうね。「縁を切る」というのは、あくまでも表面的な関係上のことで、たとえ離れて暮らしたとしても本当の縁を切ることはできませんものね。

このメールの中には、あなたの夫や父親や兄弟など他の御家族のことが書かれていなかったので、あなたの家庭の事情は知る術がありません。しかし、1つ屋根の下で暮らしてきたのだと思います。そう思うと、目には見えませんがあなたたち母子の絆の深さを感じます。

だから、あなたの最後の切り札は、どうかいつまでも大事に心の中に取っておいてください。

この母親のもとに生まれてきたことも縁。良き縁にするのも、悪しき縁にするのもあなた次第です。たとえ反面教師の母親であっても、この人のもとに生まれてきたから今の自分があると思える力強い人生を送って欲しいと、私は心から願っています。

## Case 10 家庭の人間関係

**Q** 今は優しい両親ですが、幼い頃に虐待されたことがあり、私の心の中のわだかまりになっています。誰に話せばいいのかわからず、ただ悩み続けています。(18歳/高3/女性)

　突然のメール申し訳ありません。私の悩みについて、聞いていただきたくメールさせていただきました。

　私は幼い頃、両親に虐待を受けたことがあり、最近そのことを思い出すだけで吐き気やめまいに襲われて学校を休んだりしてしまいます。そのたびに親に「何かあったのか？」と尋ねられるのですが、まさか親に「昔の虐待のことを思い出した」なんて言えません。

　今はすごく優しいですし、あのころのことはきっと躾のつもりでやったんだろうと思っています。でも、それでも私の中に何か大きなわだかまりが出来ているのは確かで、そのことを誰に話せばいいのか分からず、ただ悩み続けています。

　リストカットや煙草で、なんとか神経を落ち着かせようと初めはそれで済んでいたのですが、最近はますます悪化して、睡眠薬なしでは夜もろくに眠れなくなってしまいました。

　医者に行くと、親にばれてしまう恐れがあるので薬は友達にもらってます。いけないと思いつつ、薬に頼ってしまう自分が嫌でたまりません。

　先ほども書いたとおり、私の両親は今はすごく優しくて、私はす

ごく幸せなんです。なのに、こんな気持ちになるのは一体何故なんでしょうか？

昔のことをいつまでも引きずっている自分も、嫌いです。

それでは、失礼しました。

---

# A 本当の幸せを手にするために、勇気をもってあなたの心の苦しみを全て親に伝えましょう。

## ♥ あなたの気持ちを親に受け止めてもらうことが大切

親は、本来ならあなたを守らなければいけない存在。

誰に助けを求めていいのかわからないまま過ごした時間の経過の中で押し込められていった心の傷は、想像できないぐらいに深く大きいものでしょう。

その結果、あなたは今吐き気やめまいを覚え、学校を休んでいる……とてもつらくて苦しくて、悲しいことです。

でも、あなたが書いているように、もしかしたら親は「あれは躾のつもりで」と思っていて、虐待をしたという自覚はないのかもしれませんね。幼いころ受けたショックが現在まで、その親の意識とは関係ない大きなわだかまりとなってあなたの心に刻み付けられ、心身を蝕んでしまっていることを大変痛々しく思います。

自分の心のバランスを保とうとして、煙草を吸い、リストカットをしてしまったあなたのことを思いながら、今私はあなたのために何を言ってあげることができるのだろうかと考えています。

そして勇気をだしてあなたに言いましょう。

本当に大切なことは、今のあなたの気持ちをきちんと親に受け止めてもらうことなのです。

## あなたは今、本当に幸せですか？

　「私はすごく幸せなんです」と書いていますが、本当ですか？
　正直に言いましょう。私にはちっともそういうふうには思えないのです。
　自分でそう思いこもうとしているのではないですか？
　「子供の時、つらかった」というあなたの本心を親に話し、あなたが心から親に打ち解けることができた時、本当に幸せを感じられる日々が訪れるような気がします。
　この問題は、自分1人が抱え込んで解消できることではないし、引きずっていけばいくほど、自分を追い込んで傷つけてしまうのではないかと心配です。
　そして、あなたはどんどん自分を嫌いになってしまうでしょう。
　それはあまりにも悲しいことです。どうかあなたには、自分が好きだと言えるような人生を送ってほしいと思います。
　それにはまず、親と向かい合う前に、どうしてもしなければならないことがあります。
　それは自分と向き合うことです。くじけそうになる自分、逃げ出したくなる自分、あきらめたくなる自分……そんな弱い自分に闘いを挑まなければなりません。
　とても勇気がいることです。でも、それを避けていては、本当の幸せを手にすることはできませんよ。小さく、つらかった子供時代には、向かい合うことなんてとてもできなかったでしょう。でも、今のあなたならきっとできるはず。
　そしてお父さんでも、お母さんでも、あなたにとってどちらか話

しやすいほうに、「私の話を聞いてほしいの」と切り出してみてください。

### 💟 「今」の気持ちを添え、言葉を届けて

「もしも、私の心の傷を知ってしまったら、親はショックを受け、悲しむかもしれない」という不安があるでしょう。だからその時、親には「今の私は2人のやさしさを感じているし、感謝もしているよ」と、あなたの今の素直な気持ちを添えてあげてくださいね。

そうすれば、親もあなたの言葉をより受け入れやすくなるはずです。

そして、お薬を友達からもらっていることも正直に話してみてください。

多分あなたは「そんなこと親に言えない」と思っていますね。

でも、なぜ親に言えないのでしょうか？

あなたが抱く親への恐れこそ、実はあなたが乗り越えていかなければならない"自分"なのですよ。あなたがこれほどまでに苦しんで眠れないつらい毎日を生きているのに、そんなあなたの心の痛みを全く知らないでいる親のことを哀れに思いました。

それは、親としてどんなことよりも悲しく不幸なことだと思います。

そう、あなたはあなたらしく、もっと堂々と生きていっていいのですよ。それを誰よりもお父さん、お母さんは願っているはずですから。

これだけ深い心の傷を抱えながらも、親の気持ちを察してあげられるあなたは、なんと心の優しい女性なんだろうと想像します。

でも、だからといって、あなただけが心の傷をこれ以上深めていくのは絶対に間違っていると思います。私は、これから始まるあなたの新しい人生のために、あなたがきっとここで、"今までの自分"と決着がつけられると信じています。

# Part 3

パートナーとの関係

## Case 11 パートナーとの関係

**Q** 共に歩いていく生涯のパートナーが欲しい。縁がないだけなのか、それとも自分の性格が悪いのか。どう考えたらいいのか教えてください。(37歳/独身/女性)

私は37歳になります。

仕事もなんとか順調な方だと思います。家族にも、友人にも、恵まれていると思います。

私は2人兄妹で、兄がもうすでに結婚し、姪っ子、甥っ子にも恵まれました。

私はこれと言った良いところもないかもしれませんが、それほど意地悪でも、性格が悪くもないのではないかと、自分では思っています(自分ではよくわかりません)。両親の夫婦仲も普通だと思いますし、兄夫婦の所もこれと言って悪くないようです。

でも私は、自分のパートナーが欲しくて欲しくて仕方がありませんが、なかなか見つけかねています。結婚相談所にも籍をおいてみましたが、「この人だったら……」と思う人に限って去られてしまい、だんだん疲れてきました。
　私はパートナーを見つけられないのではないか、という気持ちで自分が情けないやら、悲しいやら。
　同僚は既に私より若いのに結婚をし、2人目の妊娠をし、それが羨ましく、何とも言えない気持ちで日々を送っています。
　ただただ"縁"が無いだけなのか、自分の気づかない性格が悪いのか——どう考えたらいいのか煮詰まっています。
　どうか、「どう考えたらいいのか」教えてください。
　よろしくお願いいたします。

## A 生き生きと過ごすあなたの姿を きっと誰かが見ているはず。

### 執着してしまうことが、一番の落とし穴となってしまう

　「どうして私は人生のパートナーが見つけられないんだろう……」考えれば考えるほど、煮詰まってしまう。
　そして、「自分にどこか悪いところがあるのではないか？」と自分を責めてしまう。
　あなたの心の葛藤が、すごく伝わってきました。
　でも、パートナー探しは、複雑なジグソーパズルのようなもの。

ぴったり合う相手を探すというのはとても難しいことなんです。

ですから、「もしかしたら自分に問題点があるのかも……」なんて、決して思わないでくださいね。そんなふうに考えて、せっかくのあなたの魅力が失われてしまうのはとてももったいないことです。

"縁"は不思議なもの。

「出会いが欲しい」という想いが強くて、他人のことを羨（うらや）んだり、落ち込んだりしている時ほど、いい出会いに恵まれないものです。

## お見合い＝いろいろな人と会えるチャンス

30回目のお見合いでゴールインした知り合いの女性に、"成功"の理由を聞いたことがあります。

すると彼女は、「20回目のお見合いを終わって、自分の気持ちが吹っ切れたのがよかったんだと思う」と答えてくれました。

「『気持ちが吹っ切れる』ってどういうこと？」と、私が尋ねると、彼女は、「それまでは『今度のお見合いで一緒になる人を何としてでも捕まえなきゃ』って、自分の方から相手を求める気持ちが強かった。でも、20回目を終わって、いい意味で疲れたんだと思う」と。

彼女の言葉は続きます。

「21回目以降は、もちろんうまくいけばうれしいけど、たとえ結果がダメでも今まで知らなかった人から面白い話を聞けるチャンスなんだから、と思えるようになった」。

私がとても印象的だったのが、「『友達気分で来るもの拒まず』っていう楽な気持ちが、相手に伝わったのかもね」という彼女の言葉でした。

今度あなたが人と出会う時は、リラックスして相手と向かい合い、お互いにとって良い時間を過ごそうと思って臨んでみてください。その良い時間は、あなたの栄養にもなるはずですよ。

## 💕 違う価値観でも興味が持てればそれでいい

　あなたは家族や友人にも恵まれ、温厚で真面目で、そして少し控えめな方のように感じます。それだけに、もしかしたらあなたは「自分にぴったりの相手」の理想像をどこか心の中に描かれていますか？

　結婚は、パートナー同士が長い時間をかけて、信頼という名の"絆"を築き上げていく作業だと思います。考えようによっては、相性の完璧な2人が必ずしも最高に幸せな人生を送れるとは限らないのです。

　私はかつて、誰から見ても相性のピッタリ合ったカップルの片方から、こんなセリフを聞いたことがあります。

　「私たち2人は、黙っていても分かり合える完璧な関係だ。だから、お互いを分かり合うことに苦労することも、努力することもない。だけど、それでは結婚して本当の意味での"絆"が築けない気がする」と。

　そう、結婚というイメージがあなたにとってどんなものなのかも大事な要素だと思います。

　もちろん、ピッタリ合う人、イメージどおりと思える人と出会えたなら最高に幸運です。

　でも、あなたの目の前に現れた人が、あなたと違う価値観を持っていたとしても、その価値観にあなたが新鮮さや興味を持てるのであれば、恐れず近づいてみましょう。

　心の視野を少しだけ広くすることで、あなたにとって大切なものが見えてきたりすることもきっとあると思います。

*Case 11　パートナーとの関係*

## 行動を広げて、自分が輝ける場を

あなたの心の視野が広がってきたら、「自分はなぜ結婚したいのか？」を自分に問いかけてみてください。

「心豊かな人生を送りたい」と思えたらいいのですが、単に「周りのみんなが結婚しているから」なのだとしたら、無理して結婚をしようとする必要はないのかもしれません。

最も大切なのは誰でもない、あなた自身。

そのために、まず素直な自分の心の声を聞いてみてくださいね。

今のあなたにとっていちばん大事なことは、自分を生き生きと表現できる場、人生に刺激や潤いを与えてくれる機会を持つことだと思います。

「結婚そのもの」だけを目的にするのではなく、「老若男女を問わず、魅力的な人たちと出会う」ことを目的にしましょう。

自分の趣味や興味を深めるために、行動範囲を広げてみてください。あなたの行動からいろんな出会いが広がり、新たな展開へときっとつながっていくはずですよ。

そんなふうに生き生きと過ごすあなたのことを、必ず誰かが見ています。

そのことを忘れないで、焦らずにあなた自身から発する光をさらに輝くものにしていきましょう。あなたが強く願わずとも、あなたのその光を受け止めてくれる人は現れるような気がします。

## Case 12 パートナーとの関係

### Q 今の結婚生活に悩み、無気力な毎日を送っています。本当に子供がほしいのか、夫とは離婚した方がいいのか……自分ではどうしたらいいのかわからなくなってしまいました。

(34歳/既婚/女性)

臨時職員1年半。一般事務。別居。子供ができずに病院に通院してはいるが原因不明。Beerがすきで晩酌している(350mlを2缶ほど)。Beerが原因かなとは思うがなかなかやめられません。

毎日無気力で、仕事もやる気がせず、4月で契約満期で退職します。

夫もいい人ですが、夫の実家からたびたび野菜など送ってきたりするので、いらないというと、非常に怒って、夫婦喧嘩になります。

夫の実家は農業をしているので、昔は大分苦労したのを見ているせいか、とても親思いです。夫は音楽が好きなせいか、普段の生活は音楽をかけっぱなしとかTVをつけっぱなしですが、どちらかというと、私は本を1人で読んだり、1人の生活にとても憧れます。情緒不安定なところがあると思います。結婚してからは、何度となく涙するほど喧嘩しています。

どうしたらいいのか自分でもわからないのですが、姉や友人に相談すると、それだけ幸福だからだよとかいわれます。

どうしたらいいのかわかりません。子供がほしいのかも、どうかも。離婚したいのかも、1人がいいのかも。

## A 自分の正直な気持ちと向き合い、思い切って彼によりかかってみては？

### 💗 不妊治療は精神的にも肉体的にもつらいこと

　周囲の人から「幸せだからそんなふうに悩むのだ」と言われ、悶々とした気持ちで毎日を過ごしているあなたのことが目に浮かんできました。

　あなたはきっと真面目で、それなりにいろんな事をこなしていける人なのでしょう。

　そのために他人からは「しっかりした人」という印象を持たれてしまうのではないでしょうか。

　だからこそ、そんなあなたの思いの深刻さが伝わってきました。

　「子供ができずに病院に通院している」とあなたはメールのなかでさらっと綴っていますが、不妊に関する通院はとてもつらいし、いろんなストレスがあることでしょう。

　不妊で悩む女性の方々は、妊娠しないことで、ある時は自分を責めてしまい、また、ある時は他人を妬ましく思うと話されます。ナーバスになっているため、ちょっとしたことで悲しい気持ちになってしまうのですね。

　また、不妊治療は、通院後に調子を崩して寝込む人がいるほど肉体的にも非常に辛い作業です。

　あなたが具体的にどのような不妊治療をしているのかはわかりませんが、仕事をし、家事をし、その上で通院をされているのだとしたら本当に大変なこと。毎日が無気力になってしまうのも当然だと思います。

## 「自分の気持ちと向かい合うこと」から

　しかし、あなたは「子供がほしいのかどうかわからなくなってきた」と書いていますね。
　では、なぜそう思うようになったのか、自分の気持ちと正直に向き合ってみましょう。
　その原因は、自分の悩みに耳を傾けようとしない夫に対する反発からですか？
　あるいは、夫の親が自分たちの生活に干渉するのが嫌だからですか？
　夫が自分の親の肩をもつのがやりきれなくなるからですか？
　あるいは、結婚して何年か経てば、子供を産んでいるのが当然という世間の目がつらいからですか？
　思い当たることをいくつか挙げてみて、その理由を自分のなかで時間をかけて整理してみてください。
　それができたら、時間を作って夫に話しかけてみてください。
　子供を作るという行為はあなたと夫の2人の共同作業です。あなただけが苦しみ悩むことではないのですよ。本当に自分たちが子供を望んでいるのか、今一度考える機会を持ってみてはどうでしょうか？　ケンカ腰になるのではなく「ねえ、聞いてほしいの？」と。
　もしかしたら、今までのあなたは、全部を自分1人で引き受けようとしていたのかもしれません。でも、思い切って彼によりかかってみませんか。
　私はあなたのことを思い浮かべながら、何を言ってあげればいいのかと考えました。
　私が何よりも心配することは、あなたと彼との心の隔たり。それはお互いの趣味が違うことより深刻です。だからこそ、近づいてほしいのです。そして、確かめてほしいのです。
　本当はそれが一番大事なことと思います。

## 💕 お互いを思いやる心の余裕を持ち、いたわり合える関係を築いて

「夫とは何度となく涙するほど喧嘩をしている」とのことですが、彼が嫌いだからというよりも、今の思いをいったいどこへ向けて吐き出したらいいのかわからないあなたのやるせない気持ちを感じます。

夫の実家から野菜を送ってくることも、「受け取った連絡をしなきゃ」とか「お礼を言わなきゃ」と思ううちに、親とのやりとりに気を重くしてしまったり、気遣いが面倒になってしまったりしているのではありませんか？

そのため、相手を不快にさせるのを頭ではわかっていながら「野菜はいらない」と言ってしまい、そんな自分自身を哀しく思っているあなたがいるのではないでしょうか。

あなたにはきっといろんな思いがあるのでしょう。何度も彼にぶつけながら受け止めてもらえなかった気持ち、理解してもらえなかった思い、分かり合うことができないままのみ込んでいる思いが。

あなたのそんな思いを痛いほど感じながら、私は思いきって言うことにします。

彼も、もしかしたら似たような思いを抱いてはいないか、と。

少しだけ考えを巡らせてほしいのです。

そう、きっとお互いがそうやって思いやれる心の余裕を持ち、いたわり合える関係が築けたら、どんなに素敵なことでしょう。

## 「楽しんで」心に栄養を貯える

「Beerが好きで晩酌をしている」というあなた。ビールを飲んでホッとしているあなたの顔を思い浮かべて、私はなんだか微笑ましい気がしています。ビールはあなたの清涼剤なんですね。

でも、どうか健康を害さない程度に楽しんでほしいと思います。

さて、4月で現在の仕事は契約満了となり、退職されることになっているそうですが、そのことで今までのスタイルとは違った生活が始まりますね。あなたがどんな気持ちでいるのか、寂しい気持ちとホッとした気持ちとどちらでしょうか？

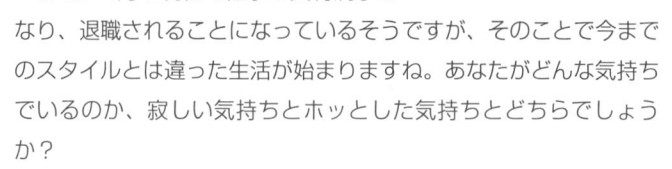

でも、今はとっておきの機会と考えましょうね。

人間ってないものねだりなんです。時間がない時はお金があり、お金がある時は時間がないと思うでしょう。これからのあなたには時間が与えられたと思ってくださいね。その時間を生かして、あなたの心に少し足りなくなっていたエネルギーや栄養をもう一度貯えてほしいと思います。

そして、気持ちをゆったりとさせ、誰にも邪魔されず、あなたの好きな本をたくさん読んでください。

1人の生活には遠いかもしれないけれど、1人でいられる時間をたっぷり楽しんでください。そうすれば、きっとあなたの言う「情緒不安定」も安定するはずですよ。

それが心のゆとりにつながっていくことを願っています。

そんな心のゆとりがもたらすご褒美は、思いがけないものかもしれませんよ。どうかあなたが心安らかになられますように。

## Case 13 パートナーとの関係

**Q** 主人と海外に渡り、2人きりで商社を営んでいますが、うまくいかず、今までの貯金を切り崩して生きている状態……。事業のストレスを夫にぶつけられる今の生活に疲れてしまいました。(28歳/既婚/女性)

はじめまして。

現在、海外で生活しております。

結婚を機に海外に渡りましたが、主人はそのときから独立し、私と2人ぼっちの商社を営んでおります。とはいえ、主人は脱サラ組なのですが、まったく別業種におりましたので、商社としての経験は一切なく、今までの貯金を取り崩しながらなんとか生きていっている状態です。

結婚は出会って半年でしましたので、お互いに知らぬ者同士、喧嘩などもありますが、性格はそれほど合わないとは思いません。

でも、主人の仕事がうまくいかないストレスやら自尊心やらをぶつけられ、暴力をふるわれていると、知人のない海外での生活に疲

れ、自暴自棄になったり、離婚を考えたりとマイナス思考になってしまって……。

　主人の実家にいる父母は厳しく、主人を長男として溺愛しているので、悪いのは全て私になり、日本に帰国した後の生活もいびられるかと思うと、海外で生活していかなければ……、と自分へのプレッシャーにもなっています。

　離婚したほうがいいのか、それとも、自分の環境は普通で、我慢が足りないのか、本当に精神的に弱り果てています。

　どうぞ良いアドバイスをよろしくお願いいたします。

## A 「2人きりの状態」に風穴を開け、あなたらしく生きられるように心の休息時間を設けてあげて。

### ❤ 結婚、独立、海外生活……あなたが疲れてしまうのは当然

　言葉が違い、生活習慣や文化も異なる外国で、新しい暮らしを始めるのはとても大変だったことでしょう。

　しかも、あなたの場合は、わずかの期間にとても大きなハードルをいくつもクリアしていかなければならなかったのですものね。

　出会って半年で結婚。海外で新生活をスタート。

　さらに、経験のないところから現在の事業へと独立した夫のサポート。

　そして今も、夫と2人だけの寂しい環境で本当によく頑張っていると思います。

貯金を切り崩していく毎日の中で、「果たして今後のメドは立つのだろうか？」という不安と絶えず戦わなければならない、その八方塞がりのような苦しさが、痛いほどに伝わってきました。
　あなたが心身共に疲れ、不安になり、ときには離婚した方がいいのかと考えてしまうのも当然なことだと思います。

## あなたの心には、"空気の入れ換え"が必要

　では、どうしたらこのようななかで、これからの生活を良い方向に持っていけるかを考えてみました。
　あなたの家の近所に、あなたに会って悩みを聞いてくれる人がいるといいのですが、そうではありませんよね。
　2人の生活のことだけしか考えられない状況では、不安がどんどんと広がってしまい、ネガティブなことばかりをイメージしてしまうもの。今のあなたの心は、黒いモヤがかかっていて、「自分はいったいどうしたいのか……？」を見つめられない状態に陥っているのではないかと想像しました。
　そう、だから「2人きりの状態」に風穴を開ける必要があると思います。
　そして、心に新しい空気を入れてみること。
　まずは、この心の黒いモヤを取り除かないことには、あなたがどんなにそこで目を凝らしてみても、見えるものも見えない気がするのです。

## あなたの心のモヤを取り払うために

　次に、そのためにはどうすればよいかを考えました。
　心の黒いモヤを取り払うための方法の1つとして、あなたがいっ

たん帰国し、親や兄弟、親友など心を許せる人と会って話をすることをおすすめしたいと思います。そして、正直にいろんな思いを打ち明けてみてはどうでしょうか。

それはきっと、あなたにとって大変勇気のいることですよね。いろいろ考えることもあるでしょう。

しかし、まず自分の気持ちと向き合うことです。そうして、あなたの気持ちがしっかり固まったら、思い切って夫に切り出してみるのです。「精神的に疲れているので、気分を変えるために少しの間、日本に帰って休養したい」と。

その時に大切なことは、「あなたが仕事がうまくいかなくて、イライラしていることはよく分かる。こんな時こそ、お互い力を合わせてやっていきたいのに、逆にケンカしてぶつかり合っているようでは、少しもいい方向に向いていかないと思うの」というあなたの気持ちを言葉にして添えることですよ。

彼にちゃんとあなたの気持ちが伝われば、きっと分かってくれると思うのです。

そう、お互いのこれからのために、まずはあなたの心の休息時間を設けてあげてください。

そして、心許せる人に話を聞いてもらい、晴れわたった心のなかで自分の気持ちを整理してみましょう。

そうした時に、海外で夫ともう一度頑張ってみようという思いが湧いてくるのか、海外での生活を切り上げて、日本に戻ろうという考えが起こるのか……あなたに見えてくるものがきっとあるはずです。

### 「大地に根を下ろす」気持ちで

私はメールで頂いた相談から、あなたのことを想像しました。
編集というメディアの仕事をされていたのですね。追われて忙し

い仕事ですよね。そんな仕事をしていたあなたは、意欲のある前向きな人。案外、思い切りもいいけれど、コツコツと努力するタイプのようなイメージが湧いてきました。

そして、いろんな苦労はあったのだけれど、周囲に恵まれ、普通の生活を送ってきた人なのだろうな……と。そんなふうに生きてきたあなたに何を一番言ってあげればいいのかと考えを巡らせました。

生きていくなかには、多分誰でもいくつかの大きな正念場があります。今あなたは、その1つの正念場を迎えているように思えます。海外での生活の中で疲れてしまい、本当の自分らしさを失いかけているあなたのことを想いながら、あえて1つだけ言いましょう。

夫の両親のことです。

今までにあなたがたくさんの嫌な思いをしてきたことは、文面から伝わってきました。

しかし、「夫の両親にいびられるから」という理由で海外生活を選択し続けるあなたの姿は後ろ向きになってはいませんか？

あなたらしさを忘れてはいませんか？

「なぜ海外で暮らすのか？」という質問に対する答えは、前向きな決断であってほしいと思います。なぜなら、それが今後のあなたたちの生活の方向を決める重要な礎（いしずえ）となっていくからです。だからこそ、夫の両親から逃げるためのものとしてはいけないのです。

そうでなければ、パートナーである夫との夫婦関係を続けていくうえで、またあなたがあなたらしく生きていくうえで、きっとどこかでつまずく原因になってしまいますから。

よく考えて出した結論が、たとえ日本に戻ることになっても、海外に居続けることになっても、「大地に根を下ろす」気持ちを忘れないでほしいと願っています。

そしてどうか、あなたが晴れ渡る空のような気持ちに早くなれますように。

## Case 14 パートナーとの関係

**Q** 妻が密かにたばこを吸ったり、深夜チャットを楽しんでいるのを知って、不信感が芽生えてしまいました。4月から単身赴任。とても心配しています。(44歳/既婚/男性)

現在の生活状況：妻は44歳、養護教諭で小中学校に勤続23年、子どもたちの保健の先生として保健室に居ます。

10年ほど前に一戸建てを購入、親子6人で暮らしていましたが、上の2人が大学に進学して別居、現在中学3年と小学5年の娘2人と4人暮らしです。

妻が密かにたばこを吸っているのですが、堂々と吸って良いよと言っても、吸っていないの一点張りで、私の妻への不信感が払拭できません。

また、以前からの争いごとの原因でした毎日のチャットが午前2時頃になったりが重なって、最近夫婦喧嘩が絶えません。

話し合おうとしても、ヘ理屈とだんまりの繰り返しで、意思疎通が出来ません。私も中学校に勤めている関係上、家に帰ってからも

補導をしているようで疲れます。

　子どもたちは、すんなり育ってくれているのですが、妻の生活の乱れが心配です。

　私がこの4月から単身赴任になることで、増長してこれ以上の状況になるのではとも心配しています。この間も東京に出かける用事があったところ、チャット仲間の男性と会おうとしたりしていたので、どこの誰ともわからない人に気軽に会ったりするなと、怒ってしまいました。

　これからどうしたら良いのでしょう。

## A 大らかな気持ちを示すことから始め、お互いの関係を見直す機会に。

### ❤「どういう気持ちで心配しているのか」を考え直す機会

　あなたは学校の先生として、教育の現場で毎日子供たちと接し、気苦労もきっと多いことでしょう。だからといって悩んだり、疲れているところを生徒たちに見せるわけにはいかないと、懸命に踏ん張っているあなたの姿を想像しました。

　疲れて帰って、妻があなたの心配する行動をとっているのでは安らげないですよね。夫婦げんかの絶えない毎日はつらいと思いますし、そんな中で心のバランスをとっていくのが難しい状況なのはとてもよくわかります。

　メールには「妻の生活の乱れを心配している」と書いてあります。

　あなたは彼女のことを大切にしていると思われますし、自分の方

を向いてほしいと思っていますよね。家庭円満にという気持ちから、妻の生活の乱れを心配しているのだと思いました。

そこでまず、あなたの悩みを解決していくためには、「どういう気持ちからあなたが心配しているのか、それを妻がどう受け止めているのか」を改めて考え直すステップが必要だと考えました。

## 今の2人に大切なのは善悪を問うことよりも信じること

初めに、なぜ妻がそのような行動をとるのか、彼女の立場になって少しだけ考えてあげましょう。もしかしたら、妻は今の暮らしに息苦しさや物足りなさを感じ、何か風穴を開けてみたかったのかもしれません。

外で精力的に仕事をするあなたに対して、ひけめや負いめをどこかで感じていたのかもしれませんね。でも、4人の子供たちが、あなたの言うように「すんなり」と育つには、母親としての苦労もたくさんあったことでしょう。

もちろん限度ややり方はあると思いますが、子育てが一段落した時に、インターネットやたばこで息抜きをしたいという気持ちは心情的に理解できることです。いろんな世界を知るという意味で、彼女にとっては意義のあることなのかもしれませんよ。

まずは、現在の妻の行為について「良いことなので許す」「悪いことなので許さない」というジャッジをくだすのをやめてみてください。

人間は、追及されたり干渉されたりすると負いめを感じて、どうしてもコソコソと行動するようになってしまうもの。「家事に影響がなければいいんじゃないか」くらいの気持ちで、妻を信じて許してあげることも大切な気がします。その方があなたも精神的に楽に

なると思いますよ。

ただ、それはあなたにとっては難しいことかもしれません。

でも、あなたがイライラすることは逆効果なのです。むしろ、あなたの心の大らかさを彼女に示してあげる方がずっと効果があるはずです。

### 💖 もしも自分が妻の立場なら……と考えてみる

そして、この機会に「自分は妻にとってどんな夫であったか」を一度振り返ってみてください。妻が困った時に頼ってもらえる夫であったか、甘えてもらえる存在であったかを考えてみてほしいのです。

この世に完璧な人間などいません。

「もしも自分が彼女の立場だったら、あの時は嫌な思いをさせただろうな」という出来事に必ず思い当たるはずです。

その出来事を見つけたら、勇気を持って妻に問いかけてみてほしいのです。

「以前こんな出来事があったけど、あの時君はつらかったんじゃない？」と。2人の関係を話し合う、いい機会が持てると思います。

そんなふうにきっかけがつかめたら、あなたもぜひいい意味でハメを外してみてほしいのです。たとえば、休みの日に彼女と一緒に出かけるのもいいですし、2人でお酒を飲みに行くのもいいでしょう。お弁当を持ってハイキングに行くのも楽しいですね。

夫婦が打ち解ける時間を持つことが、現在の2人の関係において重要なことだと思います。

単身赴任生活が始まったら、離れている時間も多くなり、心配や不安は増していくかもしれません。その気持ちはとてもよくわかります。

## 💕 お互いが最良の理解者であるために

 でも、「気になる」とか「信用できない」という気持ちではなく、逆に思い切って「心配していない」、「信頼している」という気持ちに切り替えていきましょう。

 どうしてもあなたの心配が頭から離れないのなら、感情的にならず、正直にその気持ちを言葉にして伝えてみてください。例えば、そう、「どうしても心配なんだ」と正直に。

 あなたのメッセージに返事はないかもしれません。でも、伝えることに意味があるのです。何よりもあなた自身が自分の気持ちに素直になれること、そして、優しい気持ちを持てることが大切です。そして、彼女を優しいまなざしで見つめてあげられるようになるといいですね。

 いい家族、いい夫婦というのは、お互いを支える関係が築かれているかどうかだと思います。そして、その関係は、常に努力していないと崩れていってしまうものだとも思います。「お互いがお互いの最良の理解者」であり続けられる努力を忘れないようにしましょう。

 あなたの気持ちが暖かい春に向かって、少しでも緩んでいきますように。

## Case 15 パートナーとの関係

**Q** 結婚2年目になります。現在夫と二人暮らしで、私はパートをしながら主婦をしています。私は新しい生活をなかなか楽しむことができません。(27歳/既婚/女性)

早乙女先生はじめまして。私はhimikoといいます。

現在子供はおりませんが、子供を作る気も全く起こりません。とにかく、過去の思い出を思い出してはため息をついてしまうのです。夫には特別に不満を感じていませんが、夫も私の生活に感じるものがあるのか「お前はホントに後ろ向きな生き方をしている」とよく言われます。

結婚して引っ越してから友達もなかなかできず、外出も全くしなくなってしまいました。

私は自分を社交的で、好奇心旺盛な前向きな人間だと思ってきましたが、今は全然そんな風には思えません。これといった夢も生き甲斐もいつのまにか見失ってしまって、過去のささやかな栄光にしがみついているようです。

一番の問題点は、過去の恋人を思い出しては切なくなってしまうことです。会いたいという思いがつのり、なんだかんだと忘れられずにいます。

元彼の活躍を遠くで知るたびに、今の自分が恥ずかしくなり、どうにか自分も幸せな毎日を過ごして、もう思い出すこともないくらい今を充実して過ごしていきたいと思うのです。

このままだと、自分がどんどんと社会から置いていかれるような感じがして不安になります。ますます内に閉じこもってしまう自分を、どうすれば変えられるのでしょうか。

Cace 15　パートナーとの関係

　夫との時間は十分あり、会話も十分なくらいしています。でもそれが全てになってしまっている自分が寂しくてたまりません。

　結婚前は夢と仕事に生き、多くの時間をその為に注いできたのでこのギャップが耐えられません。しかし、その過酷な生活に再び身を投じる勇気も今はありません。

　愛する人に安らぎを求め結婚してしまった自分が間違いだったのかと、自問自答する毎日です。

　どうすれば、自分を好きになれるような生活ができるのでしょうか。

　どうかアドバイスをお願いします。

A 人生の選択に「正解」「不正解」はありません。過去の生活をリセットして視野を広げてみましょう。

### 💖 「進んでいく方向」を見つければ、あなたらしく生きられる

　新しいステージで生活を始めたのに、その状態が楽しめず、自分に苛立ちや不安を感じながら毎日を過ごすのはとてもつらいことでしょう。

　その気持ちが、とてもよく伝わってきました。

　「社交的で、好奇心旺盛、そして前向き」と以前の自分のことを表現されているように、あなたは決して消極的だったり、内向的な性格ではないのだと思います。

　むしろ、あなた自身が湧き上がるエネルギーを持て余し、そのエネルギーを向ける方向をどこに定めていいのか戸惑っている……だから、ネガティブな考えばかりが浮かんでいるのではないか、とあなたのことを想像しました。

　「生きていく場所」、「進んでいく方向」を見つけられさえすれば、あなたはあなたらしい人生を送れる人なんだと私は思います。

　そのために、あなたが今どうすればよいかを考えました。

### 💖 「過去の恋人への想い」は「昔の自分への想い」

　まず、あなたが後ろ向きになっている大きな原因としてあげているのが、過去の恋人への想いですね。何があって、その彼とお別れ

することになったのかは分かりません。ただ、ずっと引きずっている気持ちがあることを感じました。

あなたの心の中できちんと決別できていないままなのかもしれませんね。だから、彼の噂を聞いて気持ちが揺れてしまうのだと思いました。

そんなあなたの気持ちの切なさを想いながら、1つ気が付いたことがあります。

あなたが彼と自分を比較して恥かしくなったり、彼のことを思い出すこともないくらい今を充実して過ごしたいと願うなたの心の線上に、彼の存在がかぶさってきているように感じました。

でも、どこか違ってはいませんか？

あなたの現在は、過去の恋人の姿や存在と"比べるもの"でも"張り合うもの"でもないと思うのです。私には、生き生きとした自分を失ってしまっているという現在のあなたが抱く「過去の恋人への想い」は、生き生きとしていた「昔の自分への想い」とつながっているような気がしました。

そんなあなたに、何を言ってあげればいいのか考えてみました。

## 過去の自分をリセットし、これからの自分の夢を立ち上げていく

結婚前のあなたがすごく頑張って生きてきたということが、文章からとてもよくわかります。

ハードな生活で少し疲れていた時に、愛情と安らぎを与えてくれる人が目の前に現れ、そして結婚をした。それはとても幸せなことですよね。

そして、もしかしたら、結婚がひとつのゴールのようになってしまって、目標を見失ってしまったのかもしれませんね。

メールの中で、あなたは「夢と仕事に生きていた」と書いていますね。
　「あなたの夢って、何だったのだろう？」と、私は聞いてみたいと思いました。
　その夢は、もう二度と見ることのできない夢なのですか？
　「多くの時間を夢と仕事に生き、そのために時間を注いできた」というあなた。
　今すぐには無理かもしれませんが、現在の生活の中で今までと形は違っても、その夢に近づく努力や工夫はできませんか？
　考えてみてください。過去の自分の生活をリセットしながら、新しくこれからの自分の夢を立ち上げてみることを。
　そして、少し視野を広げて考えてみましょう。
　今までは仕事中心の生活にどっぷりつかっていたけれど、何かやりたいことはなかったですか？
　たとえば、ボランティア活動だったり、趣味の習い事だったり、資格を取ることだったり。仕事に縛られない今の生活をもっとエンジョイしてみてはどうでしょう。
　また、興味の持てそうなことを見つけたら、親しい友人を身近で探すために行動してみるといいですね。見ず知らずの人にいきなり「友達になりませんか？」と声をかけるのは難しいものですが、共通のテーマがあれば、知らない人同士でもきっかけはつかみやすいものです。
　夫との生活が全てとなっているあなたに必要なものは、「身近に話せる友人」だと思いますよ。
　今のあなたは、「前向き」であったはずの自分が、「後ろ向き」であることにとても驚き、失望し、焦り、苛立っていることでしょう。そして、あなたが「愛する人に安らぎを求め、結婚してしまったことが間違いだったか」と自問自答する毎日を送っていることを想像

し、私は苦しい気持ちになりました。

　でも、思い出してください。あなたが結婚を決めた時の気持ちを。

　決してその時"間違い"なんて思っていなかったでしょう。むしろ、過酷な生活の中から抜け出せることで、ホッとしたあなたがいたのではありませんか？

## "好きな自分"も"嫌いな自分"も自分なんだと思うこと

　そんなふうに、1つ1つ自分の気持ちをさかのぼって確認してみてください。そして、その延長線上にあなたがいることをしっかり受け止めてくださいね。その時々に感じたあなたの気持ちはとても大事ですから。

　それから、誰でも環境や状況や立場が変わると、知らなかった自分の一面が現れるものです。たとえば、強い自分だったり、弱い自分だったり。意外な一面ですね。でも、そんな自分に出会った時に「こんな面も自分にはあったんだ」と受け入れてしまいましょう。

　そうすることで、少し自分の気持ちが楽になるはずです。

　あなたの中で、好きな自分も嫌いな自分も自分なんだと思うことができたら、もっと楽になると思います。今、あなたは自分が嫌いだから好きになりたいと思っている……。私は、そんなことを願わない日々をあなたが送れたらいいのに……と思います。

　人生の選択に、「正解」「不正解」の答えはありません。今の生活を「正解」とできるかどうかは、あなた次第。

　自分の心には、自分で栄養を注ぎましょうね。あなたの心が充分に潤された時、自ずと満足できる答えは導かれるはずです。真っ直ぐ前を向いていきましょう。

## Case 16 パートナーとの関係

**Q** 「結婚は考えていない」と彼に言われました。それ以来、彼にどう接していいかわからないんです。終わりの見える恋なんてしたくないのに……。(23歳/未婚/女性)

今一緒に暮らしている彼がいます。その彼と私の友達カップルとで飲みに出掛けた際「結婚はしない」と言われてしまいました(その

友達は今年7月に結婚するのです)。
　私は今の彼にそういう気持ちがない事を知ってて付き合っていたけど、実際に言葉で聞いてしまったのがショックで、イライラする事が増え、全てに対して無気力になってきてしまいました。
　別に結婚を急ぎたいわけじゃありません。今の生活もそれなりに幸せだと思っています。
　けれどその先に約束が欲しいと思うのは私が強情なのでしょうか？
　一緒に笑っていても、隣に座っていても寂しいと感じてしまうのは我慢しなければいけない事なんですか？　でも「子供が出来たら結婚する」って……私は彼に愛されていないのでしょうか。
　彼に結婚する気がない事は同棲する前から知っていました。私の両親は当然結婚を前提に同棲するのだろうと思っていたのですが、彼が私の実家へ話しに来た時「結婚は考えていない」と言ったからです。
　両親も唖然としていましたが、なんとか一緒に暮らす事を許してくれました。彼と何度かこの事について話をしようと思いましたが、本人は傷つけるような言葉を言ったと思っても感じてもいないので話す気が失せてしまいます。
　ケンカをする時もいつもそうなんです。私が彼の言葉に傷つき怒って……もう少し考えた言い方をして欲しいと頼んでも、最初はそうしてくれますが結局元に戻ってしまいます。
　今は毎日イライラしていて、彼に冷たい態度を取ってしまったりします。あの言葉を聴いてから彼にどう接していいかわからないんです。終わりの見える恋なんてしたくないのに。
　営業の事務職で1日中パソコンの前にいる事が多いです。現在は実家を出て彼と同居中。
　数年前まで過呼吸になる事が多く、一時期通院と薬の服用をしていました。

Case 16　パートナーとの関係

## A 「結婚する」という約束の言葉ではなく、「心を満たし満たされる関係」を築くことが大切。

### 🖤 「この人と家庭を築きたい」という気持ちが芽生えるのは自然なこと

「結婚はしない」とはっきりと口にする彼と付き合い、ひとつ屋根の下で暮らしている今の状況は、とてもつらいものでしょうね。

あなたにとっては大きな悩みになっていることが伝わってきますし、イライラしてしまう気持ちも理解できます。

最初から「この人と結婚しよう」と思って付き合ったわけでなくても、一緒の時間を過ごすうちに「この人と家庭を築きたい」という気持ちが芽生えてくるのはごく自然なこと。ですから、私はあなたが強情だなんて決して思いません。

一緒にいて笑ったり、隣に座ったりしているなかで「この人と一緒の人生を歩みたい」と思えるのは素敵なことですものね。

「結婚は約束できない」という言葉にあなたが傷ついたのも、無理はありません。

### 🖤 「自分が彼の立場なら……」と考え、いろんな角度から彼を受け止める

あなたの悲しい気持ちを思いながら、それでも1つあなたに聞いてみたいと思います。

彼に結婚する気がないことが分かっていたのに同棲したのはどうしてでしょうか？

私があなたの気持ちになって答えるとしたら、「少しでも彼と一緒にいたかったから」と答えます。人の相性というのは、一緒に暮らしてみないと分からないものです。
　だから、同棲してお互いの良いところも悪いところも分かった上で、「一緒に暮らし、家庭を持てるかどうか」を冷静に見極めることが大切だと思います。
　相手の生き方や本当の姿に触れてみて、「どうしても合わない、ついていけない」と思うかもしれません。また、その逆に「やっぱりこの人しかいない」と感じるかもしれません。
　そんなふうに、あなたにとって今は2人の関係を冷静に考える期間だと思えるといいですね。そして、あなたが自分の気持ちを整理し、距離を置いて眺められたら、彼の状況や気持ちを考えてみてください。
　文面からは彼が今どんな仕事をしているのか、どんな考え方の人なのかが分からないのですが、「結婚はしない」と思う理由が何かあるのかもしれません。あるいは、時間をかければ変わっていくものかもしれません。
　そうであれば、彼の気持ちが熟すのを待つことも1つの方法です。「彼を好き」という感情だけで接するのではなく、いろんな角度から彼を受け止めてみましょう。それができると、あなたの視界が開けてきて、彼の気持ちがより理解できると思うのです。

## 太陽のようにやわらかい光で「旅人」のコートを脱がす

　イソップ童話の中に出てくる「北風と太陽」の話です。
　旅人のコートを、北風と太陽が脱がせようと争います。北風は思いきり強く吹きつけてコートを剥ぎ取ろうとしますが、旅人はコー

トの襟をしっかりと握りしめてしまいます。

　ところが、太陽が暖かい光をあてたところ、旅人は汗をかいてコートを脱いでしまうのです。

　そう、彼にいたわってもらいたい、愛してもらいたい……あなたの気持ちは同じ女性としてすごくよく分かりますが、あなたのちょっとした行動が彼の心を追い詰め、頑なにしてしまう可能性があります。

　今のあなたは気持ちと裏腹の態度をとり、それまで彼を好きだと思えていた面まで嫌いになり始めていませんか？

　それはとても悲しいことですよね。

　でも、あなたが太陽のように大らかな気持ちで彼に向き合うようになれば、彼も安心して感情をさらけ出すかもしれません。そして、あなたの大らかな気持ちは、彼に届くばかりでなく、あなた本来の良さを引き出す心の余裕につながるのです。

　せっかくお互いを好きになり、付き合っているのですから、2人の良いところを共に出し合えるような環境を作る努力をしていきたいですね。そして、自分たちのスタイルを築き、大切にしてほしいのです。

## 大人の恋は成就できなくても満たされなければならない

　結婚は、人生の大きな決断。だからこそ、お互いの気持ちを強いたり、強いられたりしてはいけないのだと私は思います。

　今、相手に無理を求めて希望が叶ったとしても、将来の2人にとってひずみになることがあるからです。

　あるコミックの中にこんな素敵なセリフがあったので、引用させてもらいます。

それは「大人の恋は成就できなくても満たされなければならない」という一文です。

　人と人との相性の問題ですから、「成就＝結婚」はあるかもしれないし、もしかしたらないかもしれません。

　でも、結果がどちらになるとしても「お互いの良いところを出し合う時間＝満たされた心」がなければ大人の恋とは言えないのだということをこの言葉は教えてくれています。

　今のあなたに求めてほしいのは、「結婚する」という約束の言葉ではなく、「心を満たし満たされる関係」だと思います。

　そして、その先にあなたの幸せの道が自然な形で延びていくことを、私は心から願っています。

Case 16　パートナーとの関係

## Case 17 パートナーとの関係

**Q** 人の目を見て会話できず、いつもイラついている妻。幼少時の愛情不足が原因のような気がするのですが、夫としてどう接していけばいいのでしょうか。(35歳/既婚/男性)

初めまして。

私の妻の症状について相談いたします。

以下、妻から聞いた情報を基に記します。

【妻の症状】

・人前に出るとひどく緊張し、人の目を見て会話する事が出来ない。

・突然、訳もわからず、不安に襲われて落ち着かなくなる事が多々ある。

・いつも何かにイラついている(すぐ気が立ってしまい、人にあたる)。

・自分に自信がなく、まわりの目が気になる。人を信用できない。

・マイナス思考で、物事を悪い方にばかり考えてしまう。

・仕事を始めたいが、人と会うのが急に嫌になることもあり、仕事も出来ない。

原因は幼少からの親の愛情不足ではないでしょうか？このような症状を改善する為のアドバイスをお願いします。また、こんな症状

の時、家族をはじめ、周りの人間はどのようにケアしたらよいのでしょうか？ 些細な事にも腹を立てられ、私もわかっていながら、いつも夫婦ゲンカになってしまいます。

【妻のプロフィール】
33歳／H9年結婚／子供2人／職歴：スナックホステスを16歳〜24歳まで／家族構成：夫・妻・子供2人の4人暮らし／病歴：現在心療内科に通院中。「自律神経失調症」「不安神経症」「緊張症」「対人恐怖症」と診断。心療内科医は、カウンセリングでの治療はあまり行おうとしないが、本人は、薬だけではなく、カウンセリングで治療してもらいたいと希望している／薬の服用：9ヶ月ほど前から、緊張や不安を緩和する薬を1日3回、1回1錠服用。

【妻の生育歴】
＊父母は妻が14歳の時に離婚。
父：定職に就かず、離婚前の数年間は無職。帰宅は毎日遅かった。休日は実家に帰ってしまい、あまり遊んでもらった記憶がない（母に「あなたが可愛くないから、遊んでもらえないんだよ」と言われた）。
母：躾、教育に関して厳しかった。小学生の時、テレビのバラエティー番組は見せてもらえなかった。
・宿題について母に質問すると、「これくらいも解らないのか」と罵倒され、頻繁にモノサシで叩かれた。
・授業参観で、先生の質問に答えられなかった日、帰宅すると「なんで、出来ないの」と怒られた。
・中学校か高校の時、町で母と会うが、無視された（その頃は反抗期で服装が派手だった）。
・小さい頃から、なぜ母は毎日怒っているの？と思っていた（こんな母親になりたくないと思った）。
・毎日、母の顔色ばかりうかがう子供だった。怒られないようにいつもビクビクしていた。

# A 気が済むまで話を聞いてあげること、そして、か弱い存在として受け止めてあげて。

## 母親との関係は人間関係の核

あなたが奥さまに対して愛情と思いやりを持って接していらっしゃること、奥さまを心配されていることが本当によくわかります。

奥さまの症状についてとても細かく整理し、まとめていらっしゃるようすから、夫婦間のコミュニケーションがある程度とれていることも理解できました。

それだけに、些細なことで言い争いをしては気まずい思いを繰り返す毎日は、あなたにとって非常につらいことでしょう。

あなたのお察しのとおり、奥さまの根っこの問題は、幼少時の親子関係、とくに母親との関係に原因があるような気がします。「お母さんに愛されたい」という思いは、やがて「お母さんの機嫌を損ねちゃいけない」という怯えへと変化し、母親の一挙手一投足を気にするようになってしまった……その結果、奥さまは自分というものを出せなくなってしまったのではないでしょうか。

奥さまとお子さんの関係はいかがでしょうか。

ひょっとしたら、母親としてどう接するべきか戸惑い、毎日の子育てが苦しくつらいものになっているのかもしれませんね。

母と子はコミュニケーションの核となる関係のため、全ての人間関係に影響してきます。

ですから、幼少時の心のしこりをきちんと乗り越えさせてあげることが必要だと思います。

## 資格を持つカウンセラーを選ぶこと

母子関係で生まれた傷を癒し、乗り越えていくためには、まず自分自身を見つめる作業が必要になります。それには、奥さまが希望しているように、カウンセリングを受けることは有効と思われます。

現在通っている心療内科医に「カウンセリングを受けたいのでどなたか紹介してください」と相談するのも1つの方法ですし、地域の保健所に「カウンセラーを紹介してほしいのですが」と尋ねるのもいいでしょう。

また、インターネットでカウンセリングを受けられる機関を探してみるのもいいですね。

その際、カウンセラーは臨床心理士など専門の資格を持つ方を選ぶこと。それと同時に、主治医との関係の中で自分の症状や状態をこまめに伝え、投薬のコントロールをしてもらいながら服薬を続けることです。

この2点に注意することで、心の傷は癒され、少しずついい方向に進んでいくことと思います。

## あなた自身の心を解放する作業も大切

専門家によるカウンセリングの他に、あなた自身が奥さまに対してできることがあります。それは、奥さまと母親との関係を、彼女の気が済むまで何度でも聞いてあげることです。

あなたはその話に意見を述べず、「つらかったね」とただうなずいてあげてください。

そして、時には抱きしめてあげたり、一緒に泣いてあげたりしてください。

「自分の妻」というあなたと対等の立場と考えず、「心が傷ついて

か弱い存在」なんだという受け止め方で接してあげることが大切です。

　ただし、これはあなた自身にとって非常にしんどいことでもあります。

　なぜなら、奥さまのあふれ出る感情とあなた自身の感情がシンクロしてしまい、奥さまの心が解放されるにつれ、まるで反比例のようにあなたの心の中にストレスがたまっていってしまうからです。

　ですから、奥さまの話を聞いた後は、必ずなんらかの形でストレスを逃がしてあげてください。釣りが好きなら釣りに出かけて気分転換をするのもいいでしょう。奥さまから手渡された心のしこりをあなたが代わりになってどこかへ捨ててくる……これは、2人の共同作業であることを忘れないでくださいね。

　きっと快方に向かっていきます。

　あなたの愛情が、奥さまの傷ついた心の奥まで届くように祈っています。

## Case 18 パートナーとの関係

**Q** 主人が風俗に行ったのを知り、生理的嫌悪感から1ヶ月の絶食状態に……。ふとした瞬間に思い出し、とても苦しんでいます。

(26歳/結婚3年目/子供無し/女性)

---

はじめまして、こんにちは。

ずっと悩んでいることがあり、今回相談させて頂きます。

私は男性が風俗やアダルトビデオなどの性産業に興味を持つことが、どうしても許せないのです。仕方ないものなのだろう、男ってそういうものなんだろうと、頭では理解して諦めているのですが、心がどうしても生理的に受け付けてくれません。

以前彼氏がアダルトビデオを隠し持っていたのを見つけてしまったとき、あまりの嫌悪感にその場で吐いてしまったほどです。

先日初めて、旦那が風俗に行ってきたのを知り、生理的嫌悪感から何も食べることが出来ず、なにもする気力が出ないまま1ヶ月も部屋に引きこもってしまい、家庭内別居状態でした。その間は気持ち悪い、二度と顔も見たくない、触れられたくないという思いでいっぱいでした。

1ヶ月の絶食と精神的苦痛で文字通り身も心もぼろぼろとなり、離婚を本気で考えたのですが、男がすべてそういうものだというのなら、今の旦那と離婚しても男を相手にする限り、結局同じことなのではという自分なりの結論に至り、離婚は思いとどまりました。

現在はなんとか以前と変わらぬような状態で暮らしてはいますが、ふとした瞬間にどうしてもその事を思い出してしまったりして、

そのたびに、また本気で嫌悪感が再発してしまいます。私は別にセックスに対して嫌悪感を持っているわけでは全くありません。

私はただ、心の底から本当に「セックスは最愛の人とのみするものだ」と思っているのです。そのため、恋人や伴侶以外の人をそういった対象にしてそういう行為をする人が、どうしてもどうしても許せないのです。

風俗や素人相手の浮気を許すような人間にはなりたくはないのですが、アダルトビデオや雑誌くらいは笑って許せるようになりたいとずっと頑張っていますが、ほとんど好転していません。この状態は常に私を精神的に苦しめ疲労させるので、どうにかしたいと心底思っています。

しかしそこまで自分で思っていても、生理的な嫌悪というのはまったく払拭することが出来ず、今まで至っています。このままではいつか心の病を患ってしまいそうでとても怖いです。

人からみればまったくくだらないと思われることかもしれませんが、私にとっては死にたいとまで思うほど追い詰められる原因で、どうにかしないと、と真剣に恐怖を感じています。どうか良きご助言を、宜しくお願い致します。

旦那との間に他には一切問題は無いです。しかし私がどれだけ悲しむかを知っていて、それでも風俗に行った、という事実から、以来旦那を信用することが出来なくなり、その点も悩んでいます。

生活形態：夫婦2人暮らし。親との同居歴も予定も無し／趣味：裁縫やフラワーアレンジ、ネット関連など、多め／動物が大好きなのでペットが居ないと生きていけません。現在も1匹同居中／病歴：重度の内科疾患で10年以上通院を続けていますが、そのことでは特にストレスなどは感じていません（容態がずっと安定しているので）。

※精神疾患で通院したことはありません。

A 愛しているからこそ……という思いを持ってお互いの「気持ち」を伝え合いましょう。

### あなたに共感する女性はたくさんいる

　夫の行為に生理的嫌悪を感じてしまい、今も苦しんでいる……あなたの気持ちを、私は1人の女性として痛いほどに共感できます。
　そして、あなたと同じ悩みを抱えている女性を私はたくさん知っています。
　オフィスなどでも、興味本位で女性の裸をパソコンの壁紙にしている男性がいますよね。
　そのような行為でさえ不快感を抱いている女性がとても多いのですが、ただ表立って口に出さないだけなのです。
　他人ならば見て見ぬふりをすれば済みますが、あなたの場合は心を許し、生活を共にするパートナーの問題だけに深刻です。
　メールからは、あなたがとても潔癖で純真な気持ちを持っている方であることがわかります。それだけに、精神的に追い詰められてしまっているのもごく自然なこと。
　あなたの苦しみ・悩みはとっても大きなもので、決してあなたにとって軽いものなどではないと思います。

### 相手の気持ちをじっくりと聞いてみる

　ただ、誠実なあなたにだからこそ、私は敢えて1つだけお聞きしたいと思います。

それは、「彼のことを愛していますか？」ということです。

あなたは、彼のどんなところが好きだったのでしょうか。

なぜこの人と一緒になろうと思ったのでしょうか。

どうか、今一度考えてみてください。あなたが彼のどんな部分に魅かれているのか、それを自分の心の中でじっくり眺めてみてください。

その上で、どうして彼の興味が性的な関心に向くのか、きちんと向き合って、それから自分の気持ちを伝えてください。

このままの状態が続けば、夫を許せないというあなたの気持ちは強くなり、2人の関係が決定的に崩れてしまう事態を招くかもしれません。

お互いの心の溝を埋めていくためには、あなたの心が完全に逃げ場を失ってしまう前に、勇気を出して話し合うことがどうしても必要なのです。

## 許せないのは特別な存在だから

あなたにはあなただけの価値観があり、「受け入れられるもの」と「受け入れられないもの」がありますよね。

話し合う過程で、彼のことをどうしても受け入れられない部分が出てくるかもしれません。それがあなた自身の生き方に関わる問題と再認識したとしたら、そこでもう一度、あなたは彼への気持ちに立ち戻ってみてください。

そして、少しだけ想像してみてください。

もしも見ず知らずの男性が風俗店から出てきたところを見ても、嫌悪感を覚えこそすれ、あなたはこれほどまでに深く傷つき、悩むことはないと思うのです。

その事実は、彼があなたにとって特別な存在だという証ではない

でしょうか。

だからこそ、風俗に行ったという事実が許せないのですね。

大切な彼に、どうすればあなたの「どうしても許せない」という気持ちが届けられるかということを私も考えてみました。

## 🖤 あなたのひとことが相手の気持ちを溶かしていく

これは想像ですが、何度かあなたはそのことで、彼と話をしているのでしょうね。そして、お互いその話題に触れることはタブーとなっているのかもしれません。

しかし、最初に切り出してみてください。「あなたのことをとても愛している」と。「でも、これからも愛情ある関係を続けるには、心の中に嫌悪感を持ち続けていくのはつらいの」と。今のあなたにとって、ご主人の気持ちを気遣いながら話すことは、とても難しいことでしょう。

でも、もしもあなたが「そういう行為は生理的に嫌」と言ってしまえば、「性的関心は、男の生理現象」なんて開き直られかねません。どうぞ痛みをこらえて、「愛しているからこそ……」と言ってみてください。

そして、あなたに1つだけお願いがあります。

行為は許さなくてもいいけれど、大切な人を許してあげてほしいのです。

あなたが少しだけどこかで彼を許してあげることができたら、とても楽になれると思います。

悩みとともに送っていただいたあなたのプロフィールも読みました。ペットをかわいがり、フラワーアレンジメントを楽しんでいるあなたは、豊かな人生を生きたいと考えている人だと思います。

きれいなものをきれいと受け止められる心は、どうかこれからも

大切に育んでいってください。また、できることなら、彼と一緒に楽しめる趣味もあるといいですね。

これからの人生、同じ体験を通して分かり合っていくことも大切なことですから。

あなたの悩みは、決して小さな悩みなどではありません。多くの女性が心を痛める問題です。けれども、このことであなた自身が崩れてしまわないでくださいね。そして、あなたの輝きと魅力を失うことがありませんように。

あなたが、その心のとらわれから一日も早く解放されることを祈っています。

*Case* 18

パートナーとの関係

# Part 4

友人との関係

## Case 19 友人との関係

**Q** 友だちといると自分の存在を忘れられそうで「何か喋らなきゃ」と思うのですが、一方では自分の存在など忘れてほしいと願ってしまいます。(高校生/女性)

初めまして。
　回答をいただけなくても読んで頂ければと思い投稿します。
　悩みは自分の矛盾についてです。私は友だちが好きだし、友だちが笑ったり喜んでくれれば凄く嬉しい。それに「自分」を持ってる友だちを誇らしく思います。けど良くない感情を持つことが時々……。誰にでもある事なんじゃないかと思うんですが、そんな自分が嫌で嫌で……。
　自分に自信が持てなくて、私のことを「好き」と言ってくれる

友だちにも本当は嫌われてるんじゃないかとか。そうやって友達を疑ってしまう自分も嫌いで。

　前向きになろうとは思うけど、気付けば俯いてる自分がやっぱり嫌いで。それに昔から影が薄くて。友だちと居る時、どうしても「何か喋らなきゃ」と思ってしまう。喋らないと自分の存在を忘れられてしまいそうで。なのに、自分の存在が恥ずかしい。

　喋る事も行動を起こす事も、名前を呼ばれる事も全部。忘れられるのが怖いのに忘れてほしいと願う。自分が矛盾してる事は分かってるのにどうしたら良いのか分からない。出来る事ならいっそ死んでしまいたいと思った事も何度もあります。

　それでも生きているのは、4年前自殺した友だちが手紙で送ってくれた「私の分まで強く生きて」という言葉に応えたいからだと思います。死にたいと思うし死にたくないとは思わないけど、死ぬ事が出来ない。

　この事をある友だちに話そうとしました。その子なら聴いてくれるんじゃないかと思い、友だちを2人亡くしている事を切り出したけど、話を反らされました。

　そんなものなんでしょうか？　痛い話はお断りなんでしょうか？　やっぱり嫌われてるんでしょうか？　それでもやっぱり忘れられたくはなくて。もうずっと頭痛が止みません。

　でも私は、カウンセラーとか人を癒す側になりたいんです。

　先日「音楽療法士」というのを知り、大好きな音楽で人を癒せたらと思い勉強していますが、自分を否定したり、友だちを信じられないような奴が人を癒せるとは思えなくて。

　もう相談でもなんでもないですね。でも言いたい事吐き出せて少しスッキリしました。今は誰かに聞いて貰えるだけで良いので。いつか絶対に克服して、強くなってみせます。まだ時間はかかりそうだけど。読んでくださって有難うございました。

Case 19 友人との関係

# A 「人あっての自分」ではなく「自分あっての人」という考え方に立つことが大切です。

## 感受性が他人の何倍も強いあなたへ

　　感受性豊かにいろんなことを考え、他人のことを思いやれるあなた。

　　あなたの感受性のセンサーは、他人の何倍も強いのですね。

　　だからからだが反応してしまい、頭痛がやまなかったりしてしまうのでしょう。しゃべらなくてもよいのにしゃべってしまう、忘れられたくないのに忘れてほしい。自分がいったい何をしたいのか、願う事、考える事は何なのか……と思い悩むあなたのようすがひしひしと伝わってきました。

　そして、「できることなら死んでしまいたいと思った事も何度もある」と書かれていました。自分の思った事を即座に否定してしまう自分がいて、あなたをそれほどまでに苦しめているのかと考えると、痛々しくてやりきれない思いがします。

　そんな苦しみと戦いながら、4年前に自殺した友だちからの「私の分まで強く生きて」というメッセージに応えたいと思っていること。友だちからのメッセージがあなたの気持ちを支えていることや、そのように思って生きるあなたの頑張り、踏ん張りはとても健気で、応援したい気持ちになりました。

## 💟 しっかりと抱き止められて、全てを受け入れてもらうために

　あなたがつらかったことを、「この子なら聞いてくれる」と思って友達に話してみたけれど、受け止めてもらえなかったのですね。

　せっかくあなたが決心し、勇気を持って話を切り出したのに、話をそらされてしまったのですから、ちゃんと受け止めてほしかったと感じるのも当然のことです。

　けれども、そこであなたは「やっぱり嫌われているかもしれない」と感じていますね。

　決してそんなことはないですよ。死をめぐる話は、とても重くつらいテーマですから、あなたが思うように想像したり、上手に表現することができなかったのだと思います。

　そんなあなたの気持ちに触れれば触れるほど、私はあなたが誰かに相手にしてもらいたい、認めてもらいたいと強く願っている気がしました。

　だからこそ、あなたは自分を傷つけてしまうのですね。

　今あなたは誰かにしっかりと抱き止められ、全てを受け入れてもらうことが必要だと思います。

　他人に心から甘えたり、頼ったり、自分を委ねたりすることは、きっとあなたが一番苦手とすることでしょう。でもそれが第1歩だということを分かってもらいたいのです。

　「そんなことできるかな……」「うまくいくのかな……」いろんな思いを巡らせてしまうものですね。まずは、そんな自分と向き合うこと。次に自分の殻を破ることです。

　失敗もあるでしょう。でも決してくじけないであきらめないでほしいのです。

　あなたを受け止めてくれる人は、きっといるはずですから。

## 💝「人あっての自分」ではなく、「自分あっての人」

あなたは今、いつも自分の存在について「こんな私がいてもいいの?」と問いただし、周りにすごく気を使いながら生きていますね。自分の良いところなどまるでないように感じているような、そんな寂しさを覚えるのです。

でも、私はあなたの良さをもうすでにたくさん見つけていますよ。あなたの「か弱さ」は、「優しさ」、「前向きになれない」のは、「謙虚さ」、「気をやんでしまう」のは、「繊細さ」、というように見方を変えれば、短所は長所でもあるのです。

あなたの良さ、美しさを、自分の心の中だけで悪いものにしてはもったいないと思います。そして、そんなふうに「私って良いところもあるんだ」と自分で認めることができたら、自信が持てるはず。

音楽のように自分の身を委ねられるものを持っていることだってとても素晴らしいこと。

大好きな音楽を楽しむなかで、あなたと同じ価値観や感覚を持つ人に出会う……そういうことも素敵な体験ですね。そうやって自分の中に広がりができてくると、あなたが苦しんでいる「自分の存在が恥ずかしいこと」も忘れていくと思います。

無理に考えることをやめようとすると余計に考えてしまう。だから、忘れることが大事。

全く別の方向にあなたの気持ちを向けていくこと、そしてあなたが安心してそこにいられること、それが自分に向かう過度の関心を和らげていく方法ではないかと考えました。

これからのあなたに大切にしてもらいたいことがあります。

それは、「自分はどう思う」「自分はどう考える」といった、あなた自身の思いです。

その思いを友達や親しい人に伝えていけるといいですね。そうす

れば、相手ともっと良い関係を結べると思います。「人あっての自分」ではなく「自分あっての人」──そのことを忘れないでほしいのです。

### 豊かな感受性に前向きな気持ちと強さを備えて

　癒す側になりたいというあなたの気持ちを私は今、心強く、嬉しく受け止めました。
　文章の最後に「いつか絶対に克服して……」と書かれていますね。あなたのきっぱりとした力強さに頼もしさを感じます。だからこそ、私はあなたに敢えて言いたいと思います。
　亡くなった友だちのメッセージに応えて生きているあなたではなく、他の誰のためより自分のために生きていくあなたであってほしいと。
　そして、もっと強くなっていきましょう。今のあなたは、「友だちを信じられない自分が人を癒せるの？」と思っていますね。
　でも、あなたのその豊かな感受性に前向きな気持ちと強さが備われば、きっと夢も実現できるはずです。
　最後に1つだけ感受性豊かなあなたにアドバイスしましょう。
　刺激を受け止める時は生卵をキャッチするようにふわっとやさしく受け止める感覚で。
　そうすればお互い傷つかなくてすみますからね。ぜひやってみてください。

# *Case* 20 友人との関係

## Q

友だちは口下手な私と話をしていても楽しくなさそう。「自分なんかいてもいなくても同じなのかな……」と思うと、胸が締め付けられて無性に泣きたくなります。(高校生/女性)

初めまして、こんにちは。私の名前は「ぼんこ」です。

私の悩みを聞いていただけるでしょうか?

私は実は話すのがうまくなくていわゆる口下手です。

私の周りにいるクラスの友だちは結構しゃべったり、はしゃいだりするのが大好きな子が多いのですが私はたいていみんなの話を聞くだけとかあんまりしゃべらないんです。

それで友だちと2人っきりになるとほとんどしゃべらなくてなんか気まずい……と思って無理矢理どうでもいい話をしちゃうんです。

でも全然友だちは私といても楽しくなさそうで私は寂しくなって胸が締め付けられるような気がしてきます。本当に自分はつまんないヤツだな、って思えてくると無性に泣きたくなるんです。

それに声が小さいから友だちに話を聞いて貰えない時とかあってそういうときが特に嫌になりますね。私なんかいなくても同じだって無性に……。
　私は早乙女先生のように優しいカウンセラーになりたいと思ってるんです。だけど、こんな口下手な私でもなれるのか不安です、すごく。こんな性格を変えるにはどうすればいいのでしょう、教えて下さい！(>_<)
　私は、高校生。母、父、妹と暮らしてます。病気は持ってません。

# A 返す言葉にあなたの思いをこめ、問いかけの言葉で会話を続けてみてください。

## 💗 雰囲気を気づかえるあなたは
## 　　きっと聞き上手タイプ

　きっとあなたはいろんなことをいつも考えたり感じたりしている人なのでしょう。
　それなのに、その気持ちをうまく相手に伝えられず、「自分はつまらない人間だ」と思ってしまう。とてもつらくなるし、泣きたくなりますよね。その気持ちがとてもよく伝わってきました。
　でも、想像してみてください。いろんな人たちが集まった時に、もしも全員がおしゃべりだったとしたら、また反対に全員が無口だったとしたら……とてもバランスが悪い感じがしませんか!?
　よくしゃべる人がいて、その話をきちんと聞く人がいて、初めてバランスがとれるのです。

話し上手も、もちろん重要。でも、聞き上手という存在も同じように重要なのですよ。
　その場の雰囲気や友だちの心情をいつも気づかっているあなたは、とてもやさしくて後ろから友達をサポートしていく、まさに聞き上手のタイプのように感じられます。
　まず、あなたの良さをあなた自身が認めてあげてくださいね。

### 勇気を出して自分の気持ちを打ち明けてみる

　友だちと2人きりになり、話が途切れてしまうと、「どうしよう」「何か話さなくちゃ」と焦ってしまう。自然な会話ができなくなり、自分でも思っていないようなことを無理矢理にしゃべってしまう。そして、その場にいられない気持ちになる……。
　あなたと同じ悩みを抱えている人を私はたくさん知っていますし、おしゃべり上手と言われている人でさえ、実は気まずい体験をしたことがあるのです。
　もしもその場の雰囲気がつらくなったら、勇気を出して言ってみましょう。
　「私って、うまく話ができないのが悩みなの……ごめんね」と。
　あなたは、「友達は楽しくなさそう」と書いていますが、本当に友達があなたのことをつまらない人だと思っているのかはわかりませんよ。
　ですから、正直にあなたの悩みを打ち明けてみてください。その投げかけにきっと友だちは何か言葉を返してくれるはずです。
　それをきっかけに友だちとの関係も深まっていくこともあると思いますし、これがうまくできれば、あなたが自分の悩みを克服するために大切な1つのステップを自分自身の力でのぼったことになるのです。

## 相手の感想や思いを求める言葉を投げかけてみる

　私はあなたに「無理やり話をする必要はないし、うまく話そうとすることはない」ということを伝えたいと思います。
　本当に大切なのは言葉に心をこめること。
　うまくしゃべろうとすることで心がこもらなくなったり、人を傷つけてしまってはあなたの良さがかき消されてしまうからです。相手の気持ちを推し量ることのできるあなたは、あなたらしく会話に参加できればいいのですよ。
　それにはまず相手の話を聞き、よく理解してから自分の言いたいことを考えましょう。
　そして、あなたの思いを返す言葉のなかにこめていってください。
　「そうなんだ、私だったらきっとこうしてしまうのにすごいね」とか「そんなふうにされたら、きっと私もうれしいだろうなあ」といったふうにです。次に、会話を続けていくためには、相手の感想を求めるといいですよ。
　「昨日ね、こんなことがあったんだけど、どう思う？」とか「私はこんなふうに感じたんだけど、どう感じた？」などです。問いかけの言葉を投げかけ、それを自分はどう受け止めたかを言葉にしていけば、会話はどんどん続いてきます。
　そして、あなたが無理に話そうとすることより、相手に話をさせてあげることを考えていくと楽でしょう。友だちの新しい良さを発見したり、密かに悩んでいたことの相談にも乗れるかもしれません。そうすれば、友だちとの関係は深まっていくと思います。
　あなたはメールのなかで「早乙女先生のように優しいカウンセラーになりたい」と書いてくれましたよね。
　本当にありがとう。その言葉を私はとてもうれしく受け取りました。自分のことを振り返ってみると、私は「自分にも厳しく、他人にも

Part 4　109

Case 20　友人との関係

厳しい」部分がたくさんありました。

　ただ、もしもあなたが言ってくれるように、悩みを持つ人たちのお役に少しでも立てるようになっているのだとすれば、さまざまな人との出会いや経験を通して、喜んだり、悲しんだり、苦しんだりしてきたからでしょうか。その体験が少しずつ私を変えてきたのだと思います。

　もしもあなたが口下手だと自分で感じていても、これからの経験次第でどんなふうにでも変われます。

　高校生のあなたには、これからもいろんな出来事がたくさん待ち構えているはずですよ。ひるまないで、くじけないで、あきらめないで自分をしっかり見つめて。そしてていねいに人と関わっていってください。

　いつかあなたが素晴らしいカウンセラーになってくれることを心から願っています。

## Case 21  友人との関係

**Q** 大切な人を救えませんでした。私には大切な友だちがいました。高校で同級生になった子です。頼られている気がしていました。守ってあげなきゃと思っていました。

(21歳/未婚/女性)

　私には大切な友だちがいました。高校で同級生になった子です。頼られている気がしていました。守ってあげなきゃと思っていました。

　それなのに彼女が新しいクラスになったときにいじめられた事に気づけませんでした。

　いじめは継続的ではなかったのですが彼女の心は深く傷ついてしまいました。彼女が耐えられなくて学校に来られなくなるまで気づけませんでした。

　彼女は精神科へ行くようになりました。彼女が専門学校へ行くといったので私も同じ学校へ行きました。心配すぎて離れられませんでした。一緒がいいからなんて言いませんでした。彼女の負担になってしまいます。専門学校ではいじめはありませんでしたが彼女は

人が多い事にも耐えられなくなっていました。

　段々登校日数が減り病院へ入院してしまいました。夏休みに入院し始めたので知りませんでした。いつ電話しても取り次いでもらえなくて不審に思っていたころ、やっと彼女の親が教えてくれました。休みが終わり何度か学校へも来てくれました。

　いつが彼女に会った最後の日なのかよく思い出せません。

　彼女は自殺してしまいました。

　その前日の夜電話しようか迷っていました。遅かったので明日にしようとやめてしまいました。あの時電話していたら……。後悔ばかりでした。いじめた奴等に復讐しようかと思いました。それより何より自分自身に腹が立ちました。どうしてあんなにも頼ってくれていた彼女を救えなかったのか……無力すぎて。大切な人を救えないなんて。

　ずっと大切でしたが失って、むしろ頼っていたのは私の方だったと気づきました……彼女が居ない事が辛すぎて毎日毎日死にたくて昼の太陽も明るく見えなくて。私は生きている価値が無いと思っています。死にたいと思っていても死のうとしない自分が嫌いです。一緒に成人式に出たかった。一緒に旅行に行きたかった。もっと一緒にいたかった。一緒におばあちゃんになりたかった。……もう何も出来ない。何一つ。話す事も抱きしめる事も手を握る事さえ。

　彼女に似た人を見かけるたびに苦しくなる。死んだ彼女の顔を見ても彼女に見えなかった。だからどこかで生きているんじゃないかって今でも思っています。でもきっとそれは無い。

　彼女は最後にどの音を聞いたのかって考えました。救急車の音だったのかなって。今は救急車の音を聞くと動悸や過呼吸になります。

　乗り越えられない自分と救えなかった自分を消してしまいたい。今も別な友だちが私を頼ってくれています。また救えなかったらと思うと怖くて……。

## A 相手を「救う」のではなく、お互いに「頼り合える」関係を築いてください。

### 大切な友だちを失い、今も悲しみにくれているあなたへ

あなたにとって、彼女は本当に大切な友だちだったのですね。

いじめられて学校に来れなくなった彼女を放っておくことができず、「離れられない」と思うほど心配して同じ進路を選択したあなたの切なる思いが痛いほど伝わってきました。

そして、その友だちを想う気持ちが文章からあふれるように伝わってきて、今、私はやりきれない思いでいっぱいです。

彼女がいなくなる前夜、電話をしようかと迷ったあなたは、遅くなるので明日にしようと電話をしなかった──。「あの時電話をしていたら……」という後悔はどんなに大きなものだったか。それを想像すると、胸が苦しくなってきました。

そして、そんなあなたの優しい思いが届かずに悲しい結果になってしまったことを、とても残念に思います。

あなたの悔やむ気持ちが、時が経つほどあなたの中で強くなっているのが心配です。

そこで今、私はあなたのことを思いながら、悲しみや後悔やこれからの不安を、あなたがどういうふうに消化し乗り越えていけばいいかを一緒に考えてみたいと思います。

文章の内容から、あなたは繊細で正義感の強い人であることがよくわかります。

それだけに、あなたの思いが強くなったり激しくなったりすると、自分自身を追い込んでしまうのではないか、と心配です。

まず、心からあなたの悩みを打ち明けられる相手に自分の気持ちを素直に正直に話してみましょう。もし、不安な気持ちが強ければ、専門家（心理カウンセラー）にかかってもよいと思います。まずは、落ち着きを取り戻すことです。

## 現実をしっかり見つめることから

そして、自分の気持ちが静まったら、ゆっくりとその友だちとの関係を見つめ直してみてください。今までのあなたには、「大切な友だちの死の悲しみ」と「友だちを救えなかったという悔やむ気持ち」が大きすぎて、他のことを考えたり、眺めたりする余裕もなかったのだと思います。

そんなあなたの気持ちを思いながら、私はあなたに聞いてみたいことがあります。

この文章の中には、あなたのことはたくさん書かれているけれど、大切な友だちとあなたがどんな関わりを持っていたのか、またあなたとどんな会話をしていたのかなど、その友だちのことが見えないのです。

あなたにとっては少し厳しい現実と直面することになるかもしれませんが、友だちはあなたのことをどういうふうに思っていたのでしょう。

あなたが友だちに対して抱いていた気持ちと友だちがあなたに対して抱いていた気持ちとの間にギャップはなかったのでしょうか。

今のあなたに、この質問は残酷かもしれないと案じながら、しかし、このことを始まりとして現実をしっかり見つめていく作業があなたには大切であることを伝えたいと思いました。

## 自分を責めるのはやめましょう

しかし、少しだけあなたはそのことに気がついていますね。

「むしろ頼っていたのは私の方だったと気づきました」と書かれています。友だちがいなくなったことで、自分にとって彼女の存在がかけがえのないものであったことに改めて気がついたのですね。

まるで心の中にぽっかりと穴が開いてしまったあなたの気持ちを想像し、喪失感の大きさが胸に迫ってきました。「あの時電話をしていたなら……」と考え、きっとあなたは自分を責めてきたと思います。

でも、それは違います。友だちの死は、誰のせいでもありません。悲しいけれど、それは誰にも止められなかったのだと思います。

だから、もう自分を責めないでください。そこに留まってあなたがしぼんでしまう姿を、その友だちが望んでいるはずがないのですから。

文章の最後にあなたは、「別な友だちが私を頼っている、また救えなかったらと思うと怖くて……」と書いています。その不安は、自然な反応だと思います。

今のあなたの状態は、他人を救うどころか、自分を立て直すエネルギーさえなくなっているようにみえるのです。だから、まず心身とも自分を立て直すこと、これが先決ですね。

## 今のあなたにできること

さて、少し前向きに考えてみましょう。

時間を逆戻りして「救えなかった自分」を「救えた自分」に変えることはできません。

けれど、今のあなたにできることが1つあります。

それは、友だちの死を乗り越えることで、誰かを支えるあなたになれるということです。

　すぐにできることではありませんが、時間をかければきっとそれを克服して、自分を変えることができるはずです。

　でももう、友だちとの関係の中で「救う」なんて考えなくてもいいのですよ。あなたと友だちは友情で結ばれた対等な立場なのですから。

　それよりも、まず「頼り合う」「支え合う」関係を築いてください。それは、「心を開いて自分の本心が打ち明けられる関係」と言い換えてもいいでしょう。

　あなた1人が苦しんだり悩んだりすることは、本当の意味でいい関係とは言えないのです。

　苦しい時も、辛い時も、悲しい時も、嬉しい時も、楽しい時も一緒に泣いて笑えること、これが一番大切な事ではないかと思います。

## 大切な友達が心の支えとなって

　大切な友だちは、この現実からはいなくなってしまったけれど、あなたの心の中であなたを支える存在として、彼女は生きていくことができます。

　でもそれは、まず友だちがいなくなってしまったという現実を受け入れて、初めて灯(とも)る明かりのような気がします。

　あなたの心の中に灯った明かりが、あなたを通して多くの人に渡されていくこと。

　それが大切な友だちへの最大のプレゼントではないでしょうか。

　きっと彼女はそれを笑顔で見守っていると私は思います。

# Part 5

からだ・心の症状

## Case 22 からだ・心の症状

### Q 小学から中学の時に手術の傷跡でいじめにあい、その後貿易会社に就職したのですが、リストラされました。肝炎で夢だった職業も諦めました。（20歳/未婚/女性）

初めまして、私は20歳の未婚者です。

今年短大を卒業し、貿易会社に就職したのですが、リストラされ、6月からアルバイトをしながら再就職先を探しています。実家で両親、祖父母、弟と暮らしています。

私は、先天性心疾患の為5歳の時に手術を受けました。

小学生の頃から中学卒業まで傷跡の事でいじめを受けており、高校生になり「絶対にいじめを受けたくない」という思いから傷を見られないように短大も含め5年間を過ごし、たくさんの友人、親友、仲間に恵まれました。

しかし、就職先の社員旅行で、思い切って先輩や同期の人と一緒に温泉に入ったのが間違いだったらしく、傷の事を聞かれたので「小さい時に手術を受けた傷です」と答えたら、その時は「大変だったんだね」で終わったのですが、次の日から私に対する接し方が明らかに変わり、帰ってから会社に居場所が無く、辞めようかと思っていたらリストラ対象者の欄に名前が載っていました。

手術の時の血液製剤の為、血清肝炎にも感染しています。

その為、夢だった職業も諦めました。これから一生こんな思いをして暮らさなければならないのは耐えられません。

A つらい悲しい思いをしたからこそ、本当に大切なものが見えてくるあなたであってほしい。

### 💝 病気そして傷跡と付き合いながら頑張ってきたあなたへ

「あなたは、どんな気持ちで『ハートセラピー』に投稿してくれたのだろう……」。そう思いながら、この相談メールを読みました。

社員旅行で会社の同僚に思い切って手術の傷跡を見せたことは、とても勇気のいる行為でしたね。それにもかかわらず、会社の人たちがあなたに対して今までと違う接し方をするようになったことを、本当に残念に思いました。

そしてあなたは、会社の中に居場所がなくなってしまったのですね。その人たちの心ない態度にあなたがどれほど失望し、悲しい気持ちになってしまったか……胸が締め付けられるような思いです。

また、そのことで会社を辞めようかとまで思いつめていた矢先に、今春入社したばかりの会社で、あなたがリストラ対象者に挙げられたことを知った時のショックは、どんなに大きく重たかったことでしょう。

5歳で先天性心疾患の手術、そして血液製剤によって血清肝炎に感染……あなたの闘いは、とてもつらく苦しいものでしたね。

病気とずっと付き合っていかなければならない暮らしの中で、ときには消極的になったり、後ろ向きな気持ちになったこともあったでしょう。このメールだけではあなたの現在の詳しい健康状態をうかがい知ることができないのですが、体力の消耗は他の人に比べて

ずっと激しいのではないでしょうか。

　そんな自分のからだと上手に付き合いながら、身の回りのことをしっかりとこなしていくのは、とても大変なことだったはずです。神経を削りながら、精一杯の力で進んできたあなたの姿を想像しました。

　「本当によく頑張ってきましたね」。この言葉をまず、私はあなたに伝えます。

　そして、これからあなたがこんなつらい思いをしないためにはどうすればいいかを考えていきたいと思います。

## あなたの良さを探してみましょう

　あなたにとって病気や傷跡と一生付き合っていくのは、とても苦しいことですね。

　しかし、どうしても自分から逃れることはできないし、誰かと身体を交換することもできないのです。それならば、「どうすれば病気や傷跡を自分が受け入れていけるか」を考えてみましょう。

　そう、それはまず、あなたがありのままの自分を受け入れること。

　周りの人たちにあなたを受け入れてもらうには、何よりもあなたが自分自身を受け入れることが必要です。それではどうすればよいか。

　まず、「あなたの良さ」を考えてみてください。あなたの良いところはどこでしょうか。

　「我慢強いあなた」、「勇気を持ったあなた」、「夢を抱いたあなた」。私はこのメールからいくつか「あなたの良さ」を発見しました。あなたもぜひ探してみてください。

　「小・中学校の頃にいじめられた」とあなたは書いていますよね。けれども、いじめた子もあなたの「人格」を否定したのではありま

せん。ストレートな子供の言葉で「傷跡」を中傷したに過ぎないのです。

決して、「あなたの良さ」は手術の傷跡に左右されるものではありません。そして、本当に大切なものは、外側に見えるものより内側の見えないものだと思います。

## もう一度、自分から開いていく勇気を

「絶対にいじめを受けたくない」という思いの中で、高校・短大と過ごしてきたのですね。負い目を抱き、小さくなってずっとそんな思いで過ごしてきたあなたのことを想うと、いたたまれない気持ちです。決してあなたが悪いわけではないのに。

でも、それではちっとも楽しくありませんね。

だからこそ、私はあなたに敢えて言いましょう。

「周りの人々にどう思われるか」よりも、「自分はどうやって生きていきたいのか」を大切にしてほしいのです。

では、どうすればいいかをこれから少しアドバイスしたいと思います。

まず、あなたの身近で心から信頼する人に、傷跡や病気のこと、そして、そのことでどんな心の傷を負ってきたかを全て打ち明けられるといいですね。

本当に親しい友だちや心から信頼できる人なら、傷跡や病気のことを聞いたからといって、あなたをのけ者にしたり、離れていったりはしないと思います。

もし、あなたが逆の立場だったらどうしますか？

あなたはきっと、打ち明けてもらったことの重みを感じることができると思うし、また相手の力になってあげたいと思うのではないですか？

今まで人に裏切られたと思ったことが、あなたにはたくさんありました。だから、あなたはとても傷ついてきたし、臆病になってしまいました。

　けれども、私はあなたに卑屈になって人間不信に陥り、自分の殻に閉じこもってしまうことで、せっかくの人生をつまらないものにしてほしくないのです。

　そして、あなたが「一生こんな思いをして暮らさなければならないのは耐えられない」と訴えている気持ちを心の底で受け止めながら、「こんな思い」は「自分の思い」であって、あなた自身がいくらでも変えていけることを伝えたいのです。

　人を信じる勇気を持って、自分の心を開いていったとき、あなたは今までの自分から一歩踏み出せるはずです。

## リストラのことを通して、あなたが考えてみること

　「からだの傷」は消えないかもしれませんが、「心の傷」は癒すことができます。

　けれども、全ての事柄を傷跡や病気に結びつけてしまうと、あなたの「心の傷」はどんどん深く大きくなっていきます。そして、自分に足りない部分に目がいかなくなってしまう危険性もあります。

　つまり、何でもそのことのせいにして、本質的な問題が見えなくなってしまうのです。

　そのことを私は少し心配しています。だから、あなたにとってつらいことだと思いますが、気持ちに余裕が持てたら、「もしも『からだの傷』がなかったとしたら、リストラされたかどうか……」を考えてみましょう。

　リストラには、いろいろな理由があります。会社の業績が悪くて、試用期間の新入社員をやむを得ず削ることになったのかもしれませ

ん。もしかしたら、あなたの能力が会社の求めるものに合っていないと判断されたのかもしれません。

　そうやって、いろいろなことを考えながら、自分を客観的に眺めてみると、違ったことも見えてくると思いますよ。

　それはきっと、次の機会に生かしていくことができるはずです。リストラ自体はショックなことですが、私はいつかあなたが、あの会社を辞めて良かったと振り返ることのできる人生を歩んでほしいと思います。

## 「あなたの夢」と「勇気の杖」

　最後に1つあなたに聞きたいことがあります。
　あなたの「夢だった職業」は何だったのでしょう。
　その夢は、今のあなたにはどうしても叶えられない夢ですか？
　少しでも近づくことはできないのですか？
　では、2番目の夢は何ですか？
　そう、どんなにささやかな夢でも、夢は生きる原動力です。
　だから、あなたには夢を持ち続けてほしいのです。そして、つらい悲しい思いをしたからこそ、本当に大切なものが見えるあなたであってほしいと願っています。

　これからも、きっといろんなことがあるでしょう。でもその時に忘れないでほしいのです。「あなたの夢」と「勇気の杖」を。

　強くしなやかに前を向いて明るく歩いているあなたの姿を、私は今、静かに思い描いています。

## Case 23 からだ・心の症状

**Q** 私の顔には、まるで誰かに殴られたようなアザがあります。結婚しようとまで思った人の母親から「生まれた子供に遺伝したらかわいそう」と結婚を拒否されて以来、結婚どころか恋愛にも臆病になってしまいました。(未婚/女性)

はじめまして。

今好きな人がいて、ずっと片思いをしています。

ただ、彼に好きと言い出すこともできずにいます。

なぜなら、私には生まれつきのアザが顔にあり、おまけにアザをカバーしようとして行った手術で失敗したようで、見た目は誰かに殴られたような痕が目の周りにあり、いつも仲良くなった相手から「どうしたの、その傷?」と聞かれます。

私にはそれがコンプレックスとなり、異性とあまりうまく話せなくなってます。

また、ちょっと前に結婚しようとまで思った人の母親から「あなたにはアザがある。もし生まれた子供に遺伝したらその子がかわいそうだから結婚はして欲しくない」とまで言われました。

多分このことが最大のトラウマとなり、恋愛に対してとても臆病

になってます。このままだと、人を好きになってもずっと臆病なまま自分から切り出すことができないし、また、一生親を心のどこかで憎んでしまうと思うんです。

　どうすれば、この状況から抜け出すことができるのでしょうか。「友達は気にすることはない」と励ましてくれますが、実際問題として前向きに考えても、どうしても心のどこかでは一歩引いている自分がいます。何かいいアドバイスをください。

　よろしくお願いします。

## A　コンプレックスがなくなった時、きっと真に大切なもの、良いものが見えてくる。

### 💗 コンプレックスが生き方を消極的にしてしまう

　今、あなたはどんな気持ちで、彼のことを想い続けているのでしょうか。

　アザがあることで好きな人に告白できないと思い悩むあなたを想像して、私はとても哀しく切ない気持ちになりました。以前結婚しようとまで思った男性の母親から投げられた一言……どんなにつらい言葉だったでしょう。

　そして、心に大きな傷を受けてしまった自分自身に対して、「どうすればこの状況から抜けだせるのか？」と考えながら、あなたは生きてきたのですね。私はそんなあなたに「えらかったね。よく頑張ってきたね」と言ってあげたい気持ちです。

　今まで人とどう付き合っていこうかと気を遣い、嫌な思いをたく

さんして少し疲れてしまったあなた。もしかしたら「今の自分」のことがあまり好きではなくなっているのかもしれませんね。その結果、人との付き合いが少なくなったり、好きな相手に対して臆病になったりしている気がするのです。

そして、友達の励ましがあっても、やっぱり一歩引いてしまうあなたがいる。

私は、そのコンプレックスが、あなたの生き方まで消極的にしてしまうのではないかと心配です。そこで、どうすれば一歩前に踏み出せるのかを一緒に考えてみたいと思います。

### 気になる部分をカモフラージュする メイクで心のリハビリも

このメールの内容だけでは、あなたのアザの状態が分からないので、大変失礼なことを言ってしまうかもしれませんが、どうか許してください。

「メイクセラピー」というメイクアップは知っていますか？

メイクセラピーとは、ケガを負った方々の傷をうまくカモフラージュする化粧法です。

その人に合ったメイクアップ方法をアドバイスしてくれるようです。日本では「リハビリメイク」などと呼ばれていて、専用スタジオもあるそうですから、本やインターネットを使って調べてみてください。

気になる部分をカバーするメイクを試してみることも、あなたの気持ちを軽くすることにつながるのではないかと思います。

また、そういったスタジオに行くことをきっかけとして、あなたの悩みを共有してくれる人との出会いや、より前向きになれるチャンスが持てるかもしれません。

そして、心を許せる友達にあなたの胸の内を聞いてもらうのも良い方法です。
　いつもいつも気持ちを前向きに持ち続けるのは、とても大変なこと。まして、ひとりっきりで進むのは、本当につらいことです。あなたの心が疲れてきたら、その思いを言葉にして、友だちに受け止めてもらってください。
　時には、心ゆくまで涙を流してもいいのですよ。
　「どうしたの、その傷？」と聞いてくる相手に、あなたはどんなふうに答えているのでしょうか。きっと、自分のつらさ、苦しみを表には出さず、「これは生まれつきなの」と、聞いた相手の気持ちを気遣いながら答えているあなたを想像します。
　私はそんなあなたに深い優しさと繊細さを感じます。
　身近に励ましてくれる友達がいて、その人たちの前で快活に振る舞うことのできるあなた。正面から人を愛することができて、相手の感情を推し量る事のできるあなた。
　コンプレックスを隠さずに人に接していこうという勇気を持ち合わせているあなた。

## 悲しく、つらい思いをしてきたあなたへ

　過去の体験から、今は臆病になっているあなたなのかもしれませんが、本来のあなたは、良いものをたくさん持っている人だと思います。だからこそ今まで頑張ってこられたのだし、これからも前に進んでいける人だと私は信じます。
　でも、私はあなたに1つだけ伝えたいことがあります。
　「一生親を心のどこかで憎んでしまうかもしれない」とメールに書いていますね。
　親は、生まれてきたあなたを見て、どれほどあなたのことを不憫

に思い、自分を責めたことでしょう。そんなふうに生みたくて生んだわけではありませんよね。「あなたに辛い思いをさせている」という悲しい事実は、一生背負うべき重い十字架となっていることを思いました。

でも、その親の苦しみをあなたはとてもよくわかっているのですね。だからこそ、「憎んでしまうかもしれない」と書いてはいても、「憎んでいる」とは書いていないのですね。

私は今、そんなあなたの心に触れてホッとしています。

なぜなら、「憎む心」は決してあなたを解決に導く推進力にはならず、あなたのこれからの人生をむしばんでしまうものになっていくからです。どうかそのことを心の中に刻んでおいて欲しいのです。

少し大げさな表現かもしれませんが、人生を豊かにするためには、「瞬間々々に自分が感動し、納得しながら、時を積み重ねていくこと」ではないかと思います。

あなたが「周囲からどう見えるか」よりも、あなたが「周囲とどのように良い時間を築いていけるか」を大事にしていきましょう。「楽しい、嬉しい、良かった」と思える時間が多ければ多いほど、心が輝き、それが表にも現れてくることでしょう。

そして、いつしかあなたのコンプレックスがコンプレックスでなくなった時、あなたにはきっと違うものが見えるはずです。そう、それは表側からでは見えない心の内側。本当に大事なもの、良いものがあなたにはきっと見えてくる。

その時、あなたが何を感じ、何を思うのか、私はとても楽しみです。

さて、最後になりましたが、前に進む勇気と少しの自信がついて、そして好きな相手に思いを告げる決断ができたら、彼に気持ちを伝えてみる選択もあります。

しかし、恋愛は人と人との問題ですから、成就する事もあれば、そうでない事もあります。けれども、「この人が好きだ」という気持ち

を抱いたあなたの心の豊かさを大切にしてください。

　もし、あなたの気持ちが受け止められなくても、それをアザのせいにはしないで欲しいのです。それによって、あなたが真に自分と向き合う機会を逃がしてしまうことになるのは、もったいないと思います。

　人を引きつける魅力を持つ人というのは、顔の良し悪しではなく、「一緒にいるとホッとする人」だと私は思います。陽だまりは、いつも明るくてぽかぽかと暖かい……でしょう。

　そんなあなたであって欲しいと願っています。

Case 23 からだ・心の症状

## Case 24 からだ・心の症状

**Q** 中2の頃、対人恐怖症が始まりました。34歳になる現在もなおっていないという状況です。誰か、助けてください。(34歳/無職/男性)

病気の発端は中学2年の頃です。

ある人を好きになって毎日ドキドキしてました。

彼女がいると毎日ウキウキしてました。その子は陸上部だったので、自分もバスケ部をやめて陸上部に入りました。とってもうれしくて、すごく感激しました。

その頃からその子の顔が見れなくて、やがて他の女性の顔も見ることができなくなりました。そしてさらにエスカレートして、男性の顔も見れなくなりました。

ついに僕の友だちの顔も見れなくなりました。すごく緊張して苦しくなって表情に出るようになりました。対人恐怖症の始まりです。赤ちゃんの顔も見れなくなって神経科に通うようになりました。

とんで19歳の頃、ある女性と知り合いました。その子は僕のことを心から愛してくれましたが、僕が情けないのでその子にはふられてしまいました。それから本当に苦しくなったので、高校をやめて精神科に1年1ヶ月入院しました。

それから現在(34歳)まで病気がなおっていません。でも大分よくなったんです。薬の副作用でのどが渇くので、働くこともできません。不安定になり、しょっちゅう吐いたりしています。不安神経症、うつ病です。

これから僕はどうしたらいいんでしょう。

誰か本当に、助けてください。死にたいです。楽になりたいです。

（小さい時に殴られ、殺されるくらい虐待されました／父、母、妹、弟と同居／精神病院に、2週間に1回通院／精神安定剤を1回につき25錠×1日3回服用）

# A 幼い頃の「心の傷」を克服することが大切、そのためには専門家のサポートが必要。

## 薬に頼るだけでは回復は難しいかも

とても苦しい状況が文面から伝わってきました。

現在のあなたの不安は、発症して長い年月がたった今も、病気から抜け出せず、自分の将来に希望が持てなくなっていることですね。

文中に「小さい時に殴られ殺されるくらい虐待されました」とありましたが、相当つらかったと思います。

その「幼い頃の虐待」の心の傷を、あなた自身はどの程度克服されているのでしょうか？

もしかすると、今まで生きてきた中であなたの心についた傷の1つ1つが現在の状況に深く関わっているのかもしれません。

そうだとすると、薬に頼る治療だけでは本当の回復は難しいように思われます。

つまり、状況を好転させるには、そういった心の傷をていねいに癒し、あなた自身があなたなりのやり方で克服することがとても重要なのです。

## 服薬と並行して心へもアプローチを

では、どうすれば良いかをお話しましょう。

まず、服薬は症状を改善する上では必要な治療ですが、その治療と並行してカウンセリングやセラピーを受けることをおすすめします。

　通院されている精神病院内に、カウンセリングやセラピーのシステムが整っているようでしたら、それを利用するとよいでしょう。それが無理であれば、担当の先生に相談して、しかるべき相談機関を紹介してもらうと良いと思います。

　あなたのことをしっかり受け止め、あなたがあなたなりのやり方で自らの病気を克服していく作業に向き合い、手伝ってくれる専門家に出会えたら、時間はかかっても少しずつ状況が好転し、あなた自身も不安からいつかきっと抜けることができるでしょう。

## 勇気を持って自分を変えていこう

　以前、同じような症状の方が相談に来られたことがありました。

　自分がどうやって生きてきたか、何を考えてきたか、どんなふうになりたいかなど、たくさんの思いを語り、少しずつ自立していかれました。

　自分が支えられる安心感を徐々に自らの力にされたのだと思います。

　1人で現在の状況を越えていくのは、とても苦しくつらいことです。だからこそ、専門家の助けを借りてください。

　現在、あなたがどのような生活環境にあるのかは、文面から窺い知ることができません。しかし、限られた中で、あなたが自分のためにどれだけの事ができるか……それが回復への重要な一歩です。

　前に進むためには、誰かに助けてもらうのではなく、まず勇気を持って自分を変えていく気持ちを持ちましょう。そして周囲にいる方々の協力と援助を得て、その突破口を見つけてください。

　大切なことは、あなた自身がくじけないことですよ。応援しています。

# $Case\ 25$ からだ・心の症状

## Q 高校生の時に震えた声で教科書を読んでしまいました。それ以来、人前で話をするのが嫌でたまりません。声が出づらくなり、手に汗をかいたり、赤面してしまいます。(21歳/独身/女性)

　皆様ほど深刻ではないのですが気が楽になればとメールをさせてもらいました。よろしくお願いします。

　小学・中学・高校1年までは教科書を読むにしても、全校生代表の挨拶をしても、緊張というものをした事がありませんでした。

　しかし、高校2年のある日に低音気味に教科書を読んでしまった事が原因で声が震えてしまって、それ以来、人前で話すと緊張してしまうようになり声が震えます。それ以後は声を出しづらいのも同時に症状としてあります。

　それと手も震えたり赤面してしまったり、汗を異常にかいたりなどという症状もあります。当時、アルバイトをしていてマイク放送

でも失敗しました。声が震えたからです。

それから症状は悪化した気がします。それが嫌で発表する機会は避けるようにしてきました。が、ずっとそういう生活を続けるのはつらく、病院へ行くという勇気もありません。

人と話すのもだんだん怖くなっている気がするので就職活動がうまくできるか心配です。

昔のように戻れたら……と思います。

返事が頂けるかどうかは別として、書く事によってすっきりしたような感じがします。

読んでくださり、ありがとうございました！

（症状：4年間続いています／薬は服用していません／いま独り暮らしをして3年目です／実家は遠いです／家庭環境：心配性すぎて過保護な家族で、家にいても落ち着かなかった気がします／家族構成：祖父・祖母・父・母・姉／病歴：現在は病気というような症状は他にはありません）

A 大切なのは、立派に話すことよりも話の中身。一生懸命あなたの気持ちを相手に伝えてみてください。

### 人前で話す機会を避けて生きるのはつらいこと

何気ない事柄をきっかけにつまずき、人生のなかでとても大きな傷になってしまうことがあります。

いつもと変わらない高校生活の一場面であったはずなのに、その出来事がそれからのあなたをずっと苦しめている。手が震え、汗が吹き

出し、顔が赤くなってしまう……。意識がそこに集中することで過剰に緊張してしまい、その場から逃げ出したくなる気持ち。どんなにつらいものかと思います。

　全校生代表の挨拶を緊張せずにできた快活なあなたが、「あの出来事」以来、人前で目立つことを避けてきたのはとても苦しいことだったでしょうね。

　でも、豊かな人生を送っていくためには、避けることが少ない方がいいに決まってますよね。いつも尻込みしていては自分の本当の良さや魅力が生かされないということを、あなたもきっとわかっているはずですから。

### 「前置き」をしておくのもリラックスするための方法

　では、どうすればいいのかを少し考えてみました。

　人と話す前に「前置き」をしておくのは、あなたの気持ちを楽にする方法だと思います。

　「私はうまくしゃべることができないかもしれません。でも、一生懸命しゃべるので聞いてください」と、相手に伝えてみてください。

　自分の悩みを隠そうとすると、かえってあなたの思いどおりにいかなくなってしまうことがあります。全員に「前置き」するのは気が重いようでしたら、あなたが特に理解してほしいと思う何人かにまず言っておくだけでもいいと思います。

　一番問題なのは、あなたの「失敗してはいけない」という気持ち。言葉を発していくうえで、なによりも大切なことは、話し方ではなく、話の中身なんです。たとえ立派に話せなくたっていいじゃないですか。

　あなたの心が相手に伝わっているのだとしたら、それはあなたにとってうれしいことではないですか？

短くてもいい、あなたの感情を表現できる言葉を見つけて、一生懸命相手に届けてみてください。きっとあなたの言いたいことは伝わるはずですよ。

### 行動を起こせば何かが変わる

その次に、あなたがやることは、自分の何から外に出ていくこと。あまりにも緊張が強くて、自分でもなんとかしたいと思うのなら、対症療法として薬を処方してもらうことも1つです。

また、カウンセリングを受けてみるのも良いでしょう。

それから、例えば「話し方教室」のようなところへ行き、しゃべる訓練と同時に自分と同じ悩みを持つ人と一緒に過ごして、「自分だけじゃなかったんだ」と思うだけでも、ぐっと気持ちが楽になることでしょう。

あなたが、自分のことを書いてすっきりしたように、行動を起こせばきっと何かが変わっていくと思います。

さて、私はあなたのことを思い浮かべてみました。

あなたはとてもきちんとしていて、周囲への配慮ができる気のつく方だと思います。

あなたが、家族のことを「心配性すぎて、過保護で家にいても落ち着かなかった」と書いていますが、実はあなたもすごく心配性で、いろいろなことを気にしてしまって、苦しくなってはいませんか？

もし苦しくなっていたら、あれこれ考えるのはお休みにしましょう。

その時に考えても十分なんとかなるものです。その時、「うまくやらなければならない」と思うことは止めましょうね。

## 過去の自分と決別しよう

　それから、今あなたは「昔のように戻れたら……」と思っていますね。
　あなたの中に、自分のいいイメージが刷り込まれているために、できない自分を余計にダメな自分と思ってはいませんか？
　そうだとしたら、もう昔の自分は思い切って捨ててしまいましょう。
　それはあなたにとって、決して良いものではないのですから。
　そして、同時に昔の体験も少しずつ切り離していきましょう。
　「良い自分も、悪い自分も過去のこと」とあなたが自分の気持ちに潔くケリをつけられたら、もっとふっきれていくような気がします。
　そしてこれからは、新しいあなたが新しい人生を歩いていくイメージを持って生きていってほしいと心から願っています。

Case 25 からだ・心の症状

## Case 26 からだ・心の症状

**Q** 7年ほど前から突然呼吸が止まってしまうことがあり、精神科に行ったところ、パニック障害という診断。ストレスや不安が残り、妻にも心配をかけています。(30歳/既婚/男性)

私は現在30歳、既婚の男です。

仕事は元々印刷関係の役職についておりましたが、現在は営業を行っております。

今から約10年前に交通事故に遭い、2年間の入退院を繰り返し、後遺症は残りましたが普通の生活ができるようになりました。

しかし、7年ほど前に急に呼吸が止まってしまい、それから息苦しい事が日々続いています。

精神科に行ったところ、パニック障害と診断されました。

現在薬を飲んでいますが、7年前に比べると良くはなりましたが、いまだに発作が起こります。できることならば薬はもう飲みたくないのですが、薬以外の治療法はないのでしょうか？

また、信頼できる先生もいないし、仕事や家庭の面でも人に話せる事と話せない事があるので、ストレスや不安が残っています。妻にも心配をかけています。

よきアドバイスをいただきたくメールしました。

## A 「自分1人でなんとかしなきゃ」と考えるのをやめる練習をしていきましょう。

### 💗 人によっては、意識を失うほどの苦しみがある

突然呼吸が止まってしまうほどの発作に見舞われた時、どんなに苦しく、恐ろしかったことでしょう。そして、その後も、またいつ起こるか、という恐怖との闘いとあなたの不安を想像しました。

よく、現在まで耐えてこられましたね。

あなたが1日1日積み重ねられた時間の重みを、私は今、尊くさえ感じています。

「『パニック障害』と診断された」とたったの1行。しかし、その重大さと深刻さは経験した人にしかわからないものがあると思います。

この「パニック障害」に苦しんでいる多くの方々の訴えは、突然呼吸が苦しくなり、動悸が激しくなる。冷や汗をかいたり、めまい、胸の痛み、窒息感、吐き気で意識を失いそうになって、その名のとおりパニックに陥ってしまう。

そして、「このまま死んでしまうのではないか」という恐怖感と、「また、いつ起こるかわからない」という強い不安の日々……とてもつらい病気ですね。

### 💗 遠ざける気持ちより、受け入れる気持ちを

パニック障害は、何の理由も原因もなく起こる発作であると言われています。

たまたまあなたは、10年前に交通事故に遭っていて、その3年後にパニック発作が起きているのですね。何か因果関係があるような気がしているのではないでしょうか。

　そんな疑いや気持ちが起こるのも当然のことと思います。何か原因があれば、それだけで安心するものですが、原因が見つけられないと一層不安な気持ちが募るものです。

　でも、ここはパニック障害の定義に基づいて、そのことには触れないでおきます。

　現在は当初からいうと良くなってきたというあなたの状態を聞いてホッとしました。

　ただ、発作が時々起こっているようですね。まだ服薬は続けていく必要があります。

　長い年月服薬を続けられているので、もうそろそろ止めたい、いつまで服薬を続けなければならないかと思われてしまうのは無理のないことです。

　しかし、そこを気長に付き合っていくこと、そのあなたの受け入れる気持ちが、何より大切なのです。

## 回復の早道は「力を抜いてみること」

　では、どうやって長く続く病気や治療を受け入れていくかについてお話ししましょう。

　私のところに相談に来られる方も、最初はほとんどの方が「自分の病気はいつ治るのでしょうか」「この状態はよくなるのでしょうか」と聞いてきます。

　私はいつも「そんなことを考えなくなったら治りますよ（よくなりますよ）」とお答えしています。

　つまり、気にしているから治らない、よくならないのです。

もちろん、自分が苦しくて、つらい状態にいれば、そこから早く抜け出したいと誰もが思うことです。

　しかし、早く抜け出そうと思えば思うほど、焦りがでたり、不安が生じたりして、抜け出すどころか余計に悪くなってしまったりするのです。

　だから「上手に付き合っていこう」と思うことで、逆に力を抜くのは実は回復への早道だと思います。

### 頑張っているあなたへ

　そして、あなたは現在少しずつ、よくなっていますね。
　でも、ここが一番"我慢のしどころ"なのだと思います。
　時々起こる発作も、最初の頃に比べればもう随分軽くなってきているはずです。だからこそ、あなたは薬を止めていきたいと考えているのですよね。
　仕事でも営業という気を遣う職種、さぞかしストレスも多いことと思います。そんななかで、時々起こる発作を心配しながらの日常は、とても疲れることでしょう。きっと緊張したり、不安に思う場面は他人よりも多いはずです。
　また家に帰っても、できれば妻には心配をかけたくないという気持ちで、たくさんの思いを自分の心に飲み込んできましたね。どんなに一生懸命毎日を生きていることか、とあなたの姿を想像します。
　私はまじめにコツコツ生きているあなたが見えてきました。私はそんなあなたに「よく頑張っているね」と言ってあげたい気持ちです。
　そして、あなたのもどかしいジレンマをぶつけて支えてくれる心の専門家がいれば、どんなにかあなたはふっ切れるのではないかと思います。
　しかしながら、臨床心理士などの心の専門家はまだまだ数が少な

く、なかなか出会えないという声も聞かれます。そしてたとえ出会えたとしても、自分に合ったカウンセリングであるかどうかは、保証の限りではありません。

でも、くじけずに探してみてください。

方法としては、現在かかっている病院や地域の保健所などに相談して紹介してもらうことも1つです。インターネットなどで調べたり、本（『臨床心理士と出会うには』（創元社刊）などでも探すことができると思います。自分にあったカウンセラーに出会えたら、きっと頑張っているあなたのサポートをしてくれることでしょう。

## 決して人生のマイナスではない

実は、私にはあなたの今の状況は、パニック障害自体、6〜7割克服されているように思えます。

だからこそ思い切ってあなたにお尋ねしましょう。

むしろ、交通事故に遭ったり、パニック障害になったことで、あなた自身、自分に自信がなくなっているのではありませんか？

ひょっとしたら、それが今のあなたにとって一番大きな問題なのではないですか？

もしそうだとしたら、どうかうまくいかないことを嘆かないでください。そして、どんなことがあっても恐れないでください。

あなたは確かにつらい目にあったけれど、それは決して人生のマイナスではないのです。

そう、それはあなたが説明していくこと。自信はその中で、必ず取り戻していけます。

自ら立ち上がってこそ、身をゆだねていく日々ではなく、切り開いていく日々があると思います。

どうか、あきらめないで、ねばり強く。きっと努力は報われます。

## Case 27 からだ・心の症状

**Q** 左の腎臓を摘出し、胃の3/4を切除しています。昨年、農薬で自殺未遂をしました。最近になって「あの時死ねていたら……」と思う事があります。
(55歳/無職/男性)

 はじめまして。
 突然こんなメールを出すことをお許しください。
 10年前、左腎臓を摘出後、2年ぐらいして胃を3/4切除しました。その後たびたび腸閉塞のため、色々な医療機関に頼るようになりました。

保険の利かない治療所などに行き、かかった費用などは信販会社で借りていました。

　最初は5万円借りただけでしたが、借金状態が続いたのを苦に、昨年5月に農薬自殺を図りました。

　すぐに発見されて大学病院に救急車で運ばれました。

　2ヶ月入院して、今は近くの病院を紹介してもらい、総合病院の神経科にかかっています。2週間に1回通っています。うつ病による自殺未遂と診断され、今も通院しています。

　考え出したらどんどん深く考えてしまいます。

　家族とは話をしますが、自分の思い、やりたいことなどが言えず、人とも話す気にならないため、外出する気にもなりません。何か最近になってやはりあの時死ぬことができたら……と思うようになりました。

　すいません。初めてで何も連絡せずにこんなことを言ってしまい……。

　このメールマガジンが目に焼きついて、ここなら……と思い書きました。

　今はパソコンだけが安心して思いを書きこめる場所です。

　かかり付けの先生以外にこういうことを打ち明けるのは初めてです。

　このメールマガジンをいつも見ています。何かほっとするページです。

　今日は、思い切って書きました。迷惑なら削除してください。

（無職／生活保護を受けています／結婚して独立した子供が2人／現在は夫婦で2人暮し）

# A メールをくれて本当にありがとう。
私はあなたから勇気をもらいました。

## 💗 どうしてもあなたのメールに答えたかった

「迷惑なら削除してください」という一文を読み、どうしてもあなたのメールにお答えしたい気持ちになりました。

迷惑だなんてどうか決して思わないでください。むしろ、あなたがこの私の返事を読み、少しでもほっとしてくれるのだとしたら、私はこの「ハートセラピー」を続けていく価値があると思っています。

あなたのつらさに対して、メールという限られた状況のなかでどこまであなたにとって意味のあるお答えができるのかは正直わかりません。

でも、私は「思いきって投稿していただいて本当にありがとう」という気持ちをすぐにでも伝えたくて、あなたの相談を選ばせていただきました。

## 💗 踏みとどまってくれたからこそ今がある

あなたのぼくとつとした人柄が、とてもよく伝わってきました。

自分の体が思い通りにならない歯がゆさを感じながらの暮らしでは、治療費をはじめとした生活費の工面も大変なことでしょう。この状況を今までよく乗り越えてこられたことをねぎらいたい気持ちでいっぱいです。

現在、神経科に通っているそうですが、「人と会いたくない、外に出たくない」という気持ちの中での通院も、さぞつらいことと想像

します。

　でも、あなたにとっての治療はとても重要なことと思います。そして、「農薬自殺を試みた」こと。悲しくてつらくてどうしようもできずにそのような行為に至ったのだろうと、身につまされる思いがしました。

　「もしもあの時死ねたら……」と、時折そんなふうに思ってしまう状況も、痛いほどに伝わってきました。

　でも、もしもあなたが「死」を選択していたら、私はあなたとこうしてメールのやりとりをすることもありませんでした。そして、あなたの思いを知ることもなかったわけです。

　あなたが死んだら、悲しむ人が必ずいます。

　今の状況から逃れるために、「死」という選択をするのはどうかおやめください。

## ある出会いを通して「あなたに伝えたいこと」

　ある病院で、私は交通事故で胸から下が動かなくなり、寝たきりになった若いトラックの運転手の方と出会いました。

　当初、彼は「殺してくれ」と言って、周りにつらい気持ちをぶつけていました。

　会うといつも「死にたい」と言って泣くのです。

　でも、ある時彼がその言葉を言わなくなりました。

　「何かいいことあったの？」と尋ねると、「生きていれば何とかなる。生きているだけでよかったと思えたんだ」と答えが返ってきました。

　それからの彼は、本当に別人のようでした。わずかに動く右手を使い、介助をされながらではありましたが、車椅子で動けるようになっていったのです。

そして、彼は今自動販売機にお金を入れ、ジュースを買うことにチャレンジしています。
　きっとジュースが買えると、「生きててよかったなあ」とまた1つ思うことでしょう。
　自分の気持ちを自分がどうやって支えていくか、これが人生を大きく分ける大事なことのような気がしてなりません。

## 小さな「よかった」を見つけてください

　あなたの55年は、つらく苦しいことの多い人生だったかもしれません。
　でも、思い返してみてください。「よかった」と思えた瞬間が必ずいくつかあったはずです。
　人によって違いはあっても、もしかしたら人生って嫌なこと、つらいこと、苦しいことの連続なのかもしれません。
　でも、振り返ってみてください。そのなかには、小さくささやかな楽しい思い出もかならずあったはずです。
　その思い出は、あなたにとってかけがえのない宝となっていることを思い返してください。
　そして、これからのあなたにお願いしたいことがあります。
　小さな「よかった」を見つけられる人生を過ごしていただきたいのです。
　「今日は天気が良くてよかった」
　「今日はごはんがおいしくてよかった」
　「今日は家族にこんなひとことが言えてよかった」
　どんな些細なことでも構いません。
　そして、あなたが、今日このメールを見て「返信があってよかった」と感じてくれたら……あなたの人生の「よかった」の1つに数

えてくれたら、私は本当にうれしく思います。

　「ほっとするページ」と書いてくれてありがとうございます。

　私は、あなたの言葉から勇気をもらったという気持ちをここに託します。

Case 27 からだ・心の症状

# Part 6

メールカウンセリング
の意義

## 相談者にきちんと向き合えるかどうかがテーマ

カウンセリングとは、本来 Face to Face が基本のスタイルです。相談者を目の前にして、直接話をするところからカウンセリングは始まります。

耳で聴き、目で見、肌で感じることの全てが、相手を理解する情報となります。

そして面談を進めていく中に、相手の感情の表出や気持ちの変化を受け止めながら、相談者自らが問題解決する過程をお手伝いする。

これがカウンセリングです。

しかし、「ハートセラピー」は違いました……。

この仕事を依頼された当初、私は、正直に言って、メールでカウンセリングができるのだろうか？　という気持ちがありました。

なぜならば、1通のメールという限られた文面の中だけの情報をもとにカウンセリングを行うことは、非常に難しいと思ったからです。

見えない相手に対して限りなく想像を膨らませ、対話をする。

どういう気持ちで相談メールを送ってこられたのか？

どうしたら的確なアドバイスをすることができるのか？

実際のカウンセリングと同じように、相談者のためにどれだけ自分がきちんと相手と向き合えるか？

それがこの仕事のテーマでした。

そして、今までの経験をどういう形で活かしていくことができるのか、それは、私自身への挑戦でもありました。

実際のカウンセリングが、1回で終わることはほとんどありません。

相談者自身が自分なりの問題解決をしていくまでには時間がかかります。

カウンセラーはそれまで何度も相談者の話に耳を傾け、本人がご自身の問題としっかりと向き合い、心を整理し、そして、どのよう

にすれば問題の解決や克服に向けて進んでいけるかを共に考えていきます。

当然、問題解決に至るスピードやプロセスはさまざまで、1回の面談でどの程度消化できるかは人によって異なります。そして、人によっては何度も同じ話をする場合もあるし、何十回と面談を続けることも珍しいことではありません。

## トンネルを抜けきるまで寄り添う伴走者

例えて言うと、カウンセラーは「伴走者」のような存在。そう私自身は思っています。

一般に伴走者というと、目の不自由な人や児童がマラソンをする際に寄り添って援助するランナーを指しますが、広い意味では、「ランナー（当事者）が一定の目標を達成するまで一緒に走り続ける」というふうに解釈できます。

つまり、カウンセラーの役割は、相談者のリズムやペースに歩調を合わせて、本人自身が問題を解決する、あるいは克服するまでの一定の期間、共に走り続けること。心の悩みを抱えた人が、自分自身の力でトンネルを抜けきるまで、傍らに寄り添いながら伴走するというイメージです。

暗いトンネルの中をたった1人きりで走り続けなくてはならない不安感や孤独感。そんな不安定な心をしっかりと支えられるように、その人と同じ目線に立って同じものを見つめる。

そして、光のさすトンネルの先をしっかりと見きわめながら、できるだけ早く出口までたどり着けるように2人3脚で走っていく。そのプロセスには、さまざまな葛藤や気づき、癒しや悦びがあります。

それらを相談者がどのように乗り越えたり、受けとめたり、吸収するか。それは、カウンセラーが相談者の歩調にどれだけぴったり

合わせて走ることができるか、で大きく変わってきます。それだけに、これはカウンセラーの力量だと言えるでしょう。1人1人異なる相談者のリズムやペースをつかみ、相談者と一緒にどう走れるか、それがカウンセリングの伴走者に求められる重要な資質なのです。

### "命を削る"作業

このようなカウンセリングの鉄則をあえて崩したのが本書です。
「ハートセラピー」の中では、私が問題解決の方法を提示してきました。
なぜなら、1回限りの通信である以上、「これまで私が培ってきたカウンセリングのエッセンスをできるかぎりもりこみたい」、そうすることで、相談者に「あなたのことをしっかりと受け止めました」という私の思いを伝えたいと思ったからです。
本当は、他人に言われることより、自分で気づくことが大切なことです。
それだけに、相手の反応を見ずに、カウンセラー自身が一人でカウンセリングを進めていくことは大変難しく、エネルギーを要する作業でもありました。
いわゆる、質問に答えるという「お悩み相談」ではなく、できる限りカウンセリングの内容に近いものになるよう心掛けて取り組んできたつもりです。
プロローグで述べたように、メールだからこそできることと、メールである以上どうしてもできないことがあり、カウンセラーとして私自身が大いに葛藤し、そして鍛えられました。どうしてもメールではできないこととは、相手の反応が見えないということです。
短い文章だけを頼りに、「この人は今、どんな状況に置かれているか」、「問題がおきた背景に何があるのか」「本人にとっての本質的な

テーマは何か」、「どうすればその人が問題解決に向かえるのか」などを可能な限り正確に読み取れるように、文脈や行間から探っていく必要があります。それだけではありません。

そのうえで、相手の心にネガティブな反応をおこさせないように、スッと響く言葉で声をかけていくことも大切なポイントです。決して押しつけがましくなく、ありきたりな一般論でもなく、その人の心の琴線にやさしく触れる言葉で、そして、その人なりに消化ができて、自分の足で歩み出せるような具体的なアドバイスを込めて――。

このように、反応をうかがい知ることができない相手の姿を思い浮かべながら、1人1人の思いをくみ取り、反応を推し量る作業は、私にとってはまさに"命を削る"作業でした。

通常のカウンセリングではあり得ない、ぼんやりと浮かんだ相手の後ろ姿に声をかけるような、まるで祈りに近い心境で、毎回、渾身の思いをふりしぼって向き合っていました。

## メールカウンセリングの「言葉」の重み

週又は隔週1回、1回に1〜2ケースを半年間続けたメールカウンセリング。私にとって、この初体験は、「言葉」の持つ重みを再認識させてくれました。

ふだんのカウンセリングでは、相談者との関係性やその時々の状況によってさまざまな言葉を用いるので、特別に言語化することを意識することはありません。

しかし、「ハートセラピー」では、こちらが一方的に語る「言葉」が唯一無二のコミュニケーション手段になるため、できるだけ慎重に言語化しなくてはなりませんでした。私は、これまでの20年近い臨床経験で培ったカウンセリングのエキスを駆使し、応えたつもりです。相談者の方が、果たしてどれだけ私からの投げかけを消化してくださっ

たかはわかりません。ですが、少なくとも、私が命を削る思いで取り組んだ「あなたのことはしっかりと受け止めました」という魂のメッセージは、きっと皆さんに伝わったと信じています。

なによりもそのことが、心の悩みを抱えている人にとって勇気や希望を与え、生きる原動力になるのだということを、私はこれまでたくさんの人たちとの出会いを通して教えられてきました。

実際のカウンセリングが公開されることはあまりありません。しかしながら、web上で皆さんに触れてもらい、カウンセリングが一体どういうものであるかを、少しでも知っていただくことができたのではないかと思っています。

そして、私はいつも、1人の相談者の相談にのってきました。ところが、この企画がいろいろな形で多くの方の力になれたのだということを、皆さんのお便りから知ることができました。

カウンセリングで、お便りのやりとりをすることはありません。

それがこのような形で、多くのメールマガジンを読まれている人たちと共鳴することができたということを大変うれしく思います。そして同時に、心の問題に対する関心の高さと、情報化社会のプラスの面を大いに実感することができました。

たとえ、自分がその問題に関わっていなくても、読んでいただいた方々の心にも届いていたことを知り、「ハートセラピー」の重みを今改めて感じています。

## 1人の心に向き合うことをさらに深めた半年間

毎回、数多くのメールの中から相談メールを選び出すことはとても困難でした。寄せられた全ての相談メールを読ませていただきましたが、マガジンで取り上げることができたメールはごくわずかでした。

1人1人が、自分の心の内に秘めた思いを言葉として正直に綴り、正面を向いて私にそれを打ち明けてくれました。私は、そうした皆さんの気持ちを受け止めながらも、全ての相談にお応えできなかったことが、心残りでなりません。
　「ハートセラピー」は、私にとってとても意義のある大きい仕事でした。「1人の心に向き合うこと」をさらに深め、考えた半年間であっただけに、いただいたお便りメールが心にしみました。
　この体験を皆さんと共有できたことに心から感謝したいと思います。そして、いつかまたどこかでお会いしたいと思います。
　最後に、感謝の意を込めて、読者の皆さんからいただいたお便りの一部を掲載させていただきます。尚、「早乙女」はペンネームのままにしてあります。

# メルマガ「ハートセラピー」の
# 読者からのお便り

●このコーナーが終了してしまうのは残念でなりません。文面から読み取った悩みに答えるのは容易なことでは無いと思います。先生は当たり障りのないことだけでなく一歩も二歩も踏み込んで誠実な回答をしています。悩み相談の記事は多いですがなかなかここまで答えているものは無いように思います。相談者の言葉には自分にも思い当たるところがあることが多く、先生の答えを読むと生活してゆく上で参考になることがたくさん見つかりました。ありがとうございます。

●今回のカウンセリングで取り上げていただいたものです。ありがとうございました。もうすぐあれから3年のはずです。あっという間です。当初よりは現実を受け止めているような気はしています。

●はじめまして、こんにちは。細やかに分析し対応してくださる早乙女先生のカウンセリング。ここで書かれる相談と回答は現在の自分の悩みではないけれど、身近に感じられたことや、日々の小さな迷いが角度を変えることにより軽くなったことが何度もありました。ありがとうございました。

●初めまして。早乙女先生のカウンセリングコーナーはかかさず毎回読ませて頂いておりました。いつも相談者の方の身になって本当に親身に心からアドバイスをされていて読んでいる私も何回涙をぬぐったかしれません。実は私も姉のことで悩みがあり心療内科というところに姉と連れ立って行った事もあります。誠に冷たくさらっと流されてとても悲しい思いをした経験があります。きっと悩みなんて身近な人しか解らないんだ……そう落ち込んだところに早乙女先生のこのコーナーを知りもう一度相談してみようという希望、その気持ちが沸いてきたところでした。7月で終了してしまうとのこと……とても残念です。(以下省略)

●このコーナーが終わってしまうのがとても残念です。今までのE-mailのすべてをプリントして保存していてます。私は一度もお便りをしたこ

とがありませんでしたが、先生の物事の捉え方、伝え方に学ぶことが多かったです。私は実は仕事の関係で今アメリカにいて、こちらに来てから4年になります。その間、姉の結婚、出産、離婚と家族の中ではさまざまなドラマがありました。実は先生のカウンセリングの中で、姉の状況にあてはまるものがあったので、ちょっと内容を変えて姉に送ったところ、姉から泣きながらの国際電話がありました。「きょうだいっていいよね」としきりに電話越しに泣いていました。今まで自分の力だけではうまく伝えられなかったことがきれいに整理された形で姉に伝えられてよかった。先生のおかげです。7月に終わってしまうのは本当に残念です。でも先生のカウンセリングにとても勇気付けられました。「そんなに悪くない」と思えるようになった自分がうれしいです。

●早乙女先生の温かいお言葉ひとつひとつに、いつも元気をいただいていました。相談者の言葉から、彼女たちの心のうちを心底理解しようとされているお姿に感銘いたしております。これからもますますのご活躍を、心を込めてお祈りいたします。

●毎回、端から端まで読ませて頂いていました。先生のカウンセリングからは、温かい人柄が溢れていて、読んでいる私も温かい気持ちになれました。

●先生、いままでおつかれさまでした。ずっと読ませていただいていましたが、先生のカウンセリングはとても心にしみました。最初に相手の言っていることをそのまま受け入れて肯定する。そして、解決法をいっしょに考える姿勢はとてもすばらしいと思いました。確かに、相談するほど心に傷を負っている人にとっては、無条件に受け入れてくれる人が必要なのだと思います。どの相談も自分のことのように受け入れてくれて、本当にありがとう。

●私は心理学に興味があり、いろいろなメールマガジンを購読していますが、早乙女先生のお話を読んでいる時が一番心が休まりました。人から見ればくだらないと思われそうなことでも本人は真剣に悩んでいることが沢山ありますよね。私自身、どうしていいかわからない気持ちを抱

えて落ち込んでしまうことがよくあります。そんな時、先生のお話を読むと、私のことではないのに、もちろん相談の内容も全く自分とは違うのに安心感を覚えることがよくありました。やさしい語り口や、相談者をまず肯定してくださるところに、自分のがんばりを認めてもらえたような、苦しみをわかってもらえたような気持ちになっていたのだと思います。今までカウンセリング等を受けたことはありませんが、早乙女先生のような方にだったら話を聞いていただきたいと思っていました。このコーナーが終了してしまうことがとても残念です。素敵なお話をありがとうございました。

●なんか読んでて涙が出そうになりました。こんなにも相談者のことを考えて優しく接することができるなんて……と思いました。カウンセリングは1回も受けたことがないけど、小さな悩みでも気軽に相談できるような気がしました。

●さすがとしか言いようがありません。相談者をたしなめるでもなく、それでいて不必要に持ち上げるでもなく、あくまでもソフトに本質を突いていくところが、読んでいるこちらまで救われます。

●残念です。私は大学でヘルスカウンセリングの現場におり、さまざまなケースをこちらで体験させていただきました。師は、医者としてカウンセリングにあたっている者は自らが心を病んでいるケースが多く、また、アバウトにいえば薬物依存が多くて、薬を処方すればいいというようになっている、といっております。少しの間、その言葉から「精神科の医師が心を病んでいる」という言葉が頭から離れず、精神科の医師を特別な目でみていました。その中で、早乙女先生のコーナーは現場ではみれないケースでの言葉もあり楽しみでした。なくなるのは本当にさびしいですが、またどこかでお会いできるのを楽しみにしています。

●素晴らしいアドバイスばかりでとても役に立ちました。時に涙したり「そうか――」と考えさせられたり。先生のお蔭で心が豊かになった気がします。本当に大好きなコーナーでした。終了してしまうのはとても寂しいです。いままでありがとうございました。

●それぞれの悩みは、他人事だとは思えませんでした。自分の悩みと置き換えて、自分自身に投げかけてもらった言葉として一句一句受け止めました。人には言ってあげられる言葉を、自分に投げかけるのはなんて難しいことなんだろうと思いました。悩んでいるのは自分だけじゃないとも思いました。また、ぜひ再開してほしいです。

●ハートセラピーを読ませてもらうと、文面に託された早乙女先生の心からのエールが、あたしをいつも温かい気持ちにしてくれました。残念だけど、フォルダーにしまって、もし、これから友人になる人から、そんな相談を受けることがあったときに、先生の文面を聞かせてあげたい……そう思っています。有難うございました。

●早乙女先生のような仕事につきたいと心から思いました。

●実は私も数年前から精神科に通院しています。先生の言葉に、大変癒されました。ありがとうございました。

●ぼくも似たような役割をお仕事としているのですが、このような公開にてのカウンセリング、大変だったかとも思います。ありがとうございました。

●すばらしい。カウンセリングにすばらしい本性をみました。ありがとう。

●はじめまして。レックリングハウゼン症の遺伝子の病を持つ5歳の娘の家の者です。いつも早乙女先生のこの欄を楽しみに拝見させていただいており、何かと励みになっておりました。有難うございました。そしてお疲れさまでした。

●心の悩みを抱えている人は、これから誰に打ち明ければいいのでしょうか。心の悩みは大きいも小さいもないですが、皆さんの過去や悩みを知っていくうちに、共に頑張っていきたいと励まされました。できれば、これからも、心のカウンセリングを続けて欲しいです。今の時代、誰かに相談できることは、心の強さに繋がると思います。早乙女先生、これからも一人でも多くの方々の心の闇を破ってください。お願いします。

# Epilogue

　最後までお読みくださりありがとうございました。

　どれか1つのケースでも、あなたの心のわだかまりをほぐすきっかけになったとしたら本望です。

　このメールカウンセリングに対して、企画担当の女性はこう感想を述べてくれました。

　「カウンセリングというものが、精神科医が行う心の相談やQ&A式の人生相談とは明らかに違うということがわかりました。それまで、心の悩みは自分には関係がないことだと思っていましたが、読者の方からの相談や反響を見るにつけ、"決してこれは他人事ではない""明日は自分にもあり得ることだ"ということを実感として学ぶことができました」。

　そう、本書で取り上げた問題は、ご本人の問題であると同時に、その方の家族や職場、地域社会、ひいては日本人の問題につながることがらを少なからず含んでいるのです。

　マスメディアでも頻繁に取り上げられているさまざまな心の問題——ひきこもり、パニック障害、多重人格、神経症、セクハラ、リストカット、性同一性障害等々、どれも深刻な問題であり、単に1個人の責任や問題に還元できる問題ではないことは明からです。

　それだけに、私はカウンセラー（臨床心理士）として、目の前の相談者としっかりと向き合いながら、それと同時に、その人の周囲にいるであろう家族や職場の人たちとの関係性をできるだけ考慮して、面談をするように心がけます。

　じっくりと話を聴くことは基本ですが、それだけではなく、時きには必要と思われることを私自身の言葉でアドバイスすることもあります。

　少ない言葉であっても、相手の心に響くことで、相談者自身が気づきを得ていく。それまでネガティブに捉えていた気持ちが、新たな視点を加えられることによって、ポジティブな方向へと転換していく。その瞬間に立ち会えることが、カウンセラーにとっての喜びでもあります。

そして、なにより、心の問題を抱えている人が、自らの苦しみやつらさをありのまま語ってくれること。そのことが、今の私自身の原動力であり、それがカウンセラーとしての成長につながっていると思います。

　これからも1人1人のクライアントを「師」として、心と心が響き合うような対話を続けて行きたいと思っています。

　また、どこかで皆さまとお目にかかれることを願っています。

　最後になりましたが、本書の出版にあたり、暖かいご理解とご尽力をいただいた太陽出版の社長、籠宮良治様並びに編集を担当していただいた小笠原英晃様に心より御礼申し上げます。

上河扶紀枝

**著者プロフィール**
**上河　扶紀枝** かみかわ　ふきえ

臨床心理士。東京臨床心理士会所属。東京を拠点に児童相談所、教育相談室、学生相談室、企業内健康相談室、精神科診療所でカウンセラーとして勤務。幼児、児童、青少年、成人、老人と、人間の各発達段階における心の問題に幅広く対応し、支援を行う。現在も企業や自治体、病院などにて幅広く活動中。2003年1月から同年7月まで、株式会社サイバーエージェントが配信するメールマガジン「MailVision」上にて、早乙女恵のペンネームで「ハートセラピー」を連載。

### 共同企画・共同著作者：株式会社 サイバーエージェント

1998年に設立された(株)サイバーエージェントは、インターネット広告代理事業、及びインターネットメディア・コンテンツ事業を行っています。ブロードバンドの普及と共にネット時代のセンターステージに立つ新メジャーメディアを目指し、2002年5月以降、「メールで届くエンターテイメント」をコンセプトとした「MailVision」を全国約5万人に配信しています。

http://www.cyberagent.co.jp
http://www.mailvision.jp

## ハート❦セラピー
### 心にしみるメールカウンセリング

2004年2月1日　第1刷
著　者　上河扶紀枝
発行者　籠宮良治
発行所　太陽出版

東京都文京区本郷4-1-14　〒113-0033
TEL：03 (3814) 0471　FAX：03 (3814) 2366
http://www.taiyoshuppan.net/
E-mail:taiyoshuppan@par.odn.ne.jp

編集協力　小笠原英晃
装幀・本文デザイン　日比野智代
イラスト　柴崎るり子
印刷　壮光舎印刷　製本　井上製本

ISBN4-88469-358-2

あのとき抱えてた悩みごとはどこへいきましたか？

# コマッテル？

実際にメールで寄せられた、
たくさんの悩みごと。
そのなかには身体のこともこころのことも、
笑える話も考えてしまう話も、ありました。
すべての相談に、ときにはユーモアを交えつつ
真剣かつ体当たりのアドバイスで応える著者は
10代のこころを忘れていません。
コマッてるひと、コマッてたひと、
どちらも楽しめるQ&Aブック。

**定価1,200円+税**
タッカー・ショウ＆フィオナ・ギブ著
佐伯若菜訳　［イラスト入り］

# 木田先生の【やさしい精神分析】三部作

心の病の早期発見と対策!!
著者への相談殺到!!

## ❶子供の心をどうひらくか

子供の健康な精神を育てるために、ひとの精神の基本となる幼児期のあり方を解説し、以後に起こる様々な心の問題をいかに理解し、それに対処すべきか、多くの事例をあげて助言する。

[主な内容]
◎性格はどのようにつくられるか　◎確かな自我の育て方
◎精神の根本と母親　◎子供の能力の伸ばし方
◎未生怨ということ　◎訓練より大切なもの
◎性格にはどんなタイプがあるか　◎受容と徹底のすすめ
◆四六判／256頁／定価＝1,359円＋税

あなたは何歳人？

## ❷0歳人・1歳人・2歳人

胎内の時代を含めて三歳以前につくられる、ひとの基本的性格（三つ子の魂）を、0歳、1歳、2歳の三つの時代に分け、その人の性格がどの時代に根ざすかによって実生活において様々に現われる様子を詳述し、「自分を見つめ直し、ひとを知る」ための手がかりを提供する。

[主な内容]
◎人それぞれの受けとり方　◎自分の心もわからない
◎精神分析からみた家庭内暴力児　◎待つこと、添うこと
◎ある自閉症の歴史　◎ちっとも悪くないお母さん
◎人の心はわからない　◎せめて愛のごときものでも
◆四六判／256頁／定価＝1,400円＋税

みんな病人です!!

## ❸人間ごと来談簿

自分に厳しくひとに寛大という理想的な人などめったにいないこの世の中で、せめて優しく平和に暮らすためにはどうしたらよいか──第①巻、第②巻をうけて、木田先生の優しく鋭い診断がつづく。

[主な内容]
◎感情・行動のルーツ　◎鼻とオチンチンの物語
◎無意識の悪意　◎男は女を殴るべきか
◎子宮の中と動く密室　◎母原病・父原病
◎男であること、女であること　◎育てかえし処方
◆四六判／256頁／定価＝1,359円＋税

## 木田先生の【精神分析臨床メモ】

### ❶ 添うこころ ——本当の優しさ、思いやりを考える——

この子は一体、何を思い、何を望んでいるのか、夫は、妻は、そしてあの人は？ ……ひとの心の奥底にひそむ「無意識」の扉をひらき、ひとに対する本当の優しさ、思いやりのあり方について、多くの実例をあげて説き明かす、こころ洗われる木田先生のアドバイス。

[主な内容]
- ◎優しさは大人のしるし
- ◎人それぞれ適した道を
- ◎主観を捨てて相手に添う
- ◎大切なのは受け容れること
- ◎優しさは大人のゆとり
- ◎常識・見識の罪
- ◎自信への疑問
- ◎「ためらい」のすすめ
- ◎デコ・ボコ人間模様
- ◎老いを想う

◆四六判／240頁／定価=1,359円+税

### ❷ 贈るこころ ——滋養の愛、妙薬の愛を考える——

育つ心が求めている愛病む心が求めている愛——親子、夫婦間をはじめ、すべて円滑な人間関係に欠かせない「愛」、しかも真の愛とは？ ……神でも仏でもない私たちは、どのようにしたらそのような愛に近づけるのでしょうか？「愛は心がけて行ずるもの」「愛は相手に贈るもの」と言い切る木田先生のこころ温まるアドバイス。

[主な内容]
- ◎名医の贈り物
- ◎気楽のすすめ
- ◎猫の心身症
- ◎聞くという贈り物
- ◎能力って何だろう
- ◎躾けるのも贈り物
- ◎赤ちゃんへの贈り物
- ◎贈り物としての教育
- ◎熱すぎる心
- ◎未生怨に贈る無償の愛

◆四六判／240頁／定価=1,359円+税

### ❸ こころの真相 ——様々な問題の奥に潜む心の深層——

「……何といっても、まず自分を知って自覚を持つことが大切です。ひとは一人ひとりそれぞれ違いますが、心の真相の潜む自分の生育歴を省みて、そこから形成される性格を日頃の生活にどう生かすか——これが心の成熟、ひいては心の健康法につながります」と、先生みずからの体験および多くの実例を交えながら、木田先生が熱っぽく語っています。

[主な内容]
- ◎すごい母親
- ◎治療法の多様性
- ◎心の真相と性格
- ◎早教育の逆効果
- ◎感じ方の多様性
- ◎子供はなぜキレるのか
- ◎生育歴への対応と治療
- ◎育て直した娘
- ◎育ち方の修正
- ◎変身願望
- ◎自己否定の心理
- ◎心のしこりをとろかす

◆四六判／232頁／定価=1,400円+税